Gütersloher Taschenbücher 91

Fritz Heinrich Ryssel

Große Kranke

Sören Kierkegaard
Vincent van Gogh
Reinhold Schneider

Gütersloher Verlagshaus
Gerd Mohn

Lizenzausgabe des Kreuz-Verlages Stuttgart · Berlin

ISBN 3-579-03891-5
© Kreuz-Verlag GmbH Stuttgart · Berlin 1974
Gesamtherstellung: Clausen & Bosse, Leck
Umschlagentwurf: Dieter Rehder, Aachen
Umschlagfotos: dpa, Frankfurt/M.
Printed in Germany

Inhalt

Einleitung

Je älter der Mensch wird, um so mehr erkennt er, daß er mit mehr Schwierigkeiten umhergeht als er meistens weiß. Das Kapital der Gesundheit schrumpft. Der Vorgang ist um so bedrohlicher, als die Lebenszeit sich darin gefällt, in Zeitlupentempo ihr Werk zu tun: wie die Tage im Hochsommer um ein Unmerkliches kürzer werden, so unmerklich nehmen Krankheit und Leiden von Geist und Körper Besitz. Mehr noch vom Leib: zuviel gearbeitet, zu wenig Schlaf, zu viel Ärger, zu wenig Erholung – so lauten die Entschuldigungen im eigenen Selbstgespräch. Alles ist in der einen Weise wahr wie es in der anderen unwahr ist. Die Umstände stehen oft im Wege. Ich für meine Person bekenne freimütig, so ehrlich wie man werden kann, wenn man nichts mehr insgeheim (gegen diesen oder jenen, gegen die Zeit, gegen Besserwisser oder Lautsprecher) im Schilde führt, daß ich nur schlecht auf die Frage Antwort geben könnte, wie der heutige Mensch – mit und ohne Auto – leidlich frisch und unversehrt über die (Lebens-)Runde kommen könnte.

Und dennoch: bei denen, die trotz Krankheit und Leiden (und oftmal gerade durch sie) die Umstände überwinden konnten, nicht aufgegeben haben – bei ihnen klopft man nicht vergeblich um Beistand, um Trost und Zuspruch an. Sie sind gerüttelt und geschüttelt worden, härter und grausamer oft als ein Sterblicher auszuhalten vermeint. Die großen Kranken lebten Größe vor. Sie nahmen den Kampf mit Schmerzen und Mattigkeit, Depressionen und Ängsten auf.

Die Worte der Verzweiflung und des Elends sind echt. Erlebt, erlitten. Die Lasten von Leiden, seelischer Benommenheit und körperlicher Hinfälligkeit konnten die Lastenträger nicht davon abhalten, ihr Werk unter Dach und Fach zu bringen. Sicher ist, daß die Genialen und Genialischen, die sensiblen Künstler- und Gelehrtennaturen ihren eigenen Rhythmus und eine besondere, unglaubliche Standfestigkeit entwickeln. Doch die Künstler sind nur als ein Sonderfall der menschlichen Natur zu nehmen. Die Vorhut bricht Bahnen. Ihr Beispiel an Größe, Geduld und Ausdauer verliert nicht an allgemeiner Gültigkeit. Ein Blick auf ihre Krankheit und Größe genügt, um sich nicht über die Leidensfähigkeit des Menschen zu täuschen, vorzeitig zu resignieren, oder zu wähnen, zu kurz und schlecht davongekommen gekommen zu sein. Das bewahrt davor, aufzugeben. Die Taten, Einsichten und Ausdauer der Kranken stehen uns wie Bücher zur Verfügung, die wir nicht häufig genug aufschlagen.

Solche Überlegungen machen es überflüssig, näher zu begründen, daß die folgenden biographischen Porträts nicht für Fachkenner bestimmt sind. Die Absicht, medizinische Krankengeschichten zu schreiben, führte mir nicht die Hand. Ich las die Bücher, Briefe und Tagebuchblätter dieser

Männer in glücklichen wie in mutlosen Stunden. Bei ihnen ließ ich mich sehen, wenn mir nicht danach zumute war, mich draußen sehen zu lassen, wenn der Schwermut und Enttäuschung dunkle Vögel mir auf der Schulter hockten und keine Miene machten, den Platz zu räumen. Ohne Spott und Überheblichkeit suchte ich mir meine geistigen Zeitgenossen, auf die ich hörte, wenn ich eine Antwort suchte. Van Gogh zog mich eine Zeitlang in seinen Bann, als könnte ich ihn morgen in Auvers besuchen.

Die Aufsätze (für dieses Buch bedacht und geschrieben) kamen mit Unterbrechungen und in längeren Zeiträumen zu Papier. Weder geistige Krisen noch Faulheit waren schuld daran. Ich wurde krank und kam ins Krankenhaus. Die bewunderten literarischen Begleiter blieben nicht zurück. Es ging mir nach und nach auf, was ich von ihnen erfahren wollte; nicht nur, was sie dachten und taten, wie sie als Kranke die Krankheit behandelten. Innerhalb und außerhalb der Klinikmauern pocht der Gedanke an den Tod, noch schlimmer, an das eigene Ende an unsere Tür. Sich dumm stellen hilft nicht viel und höchstens eine Zeitlang. Bald geben wir auch zu, daß es nicht hilft, auf dem Terminkalender alle Termine zu besetzen. Der Tod kommt zu Wort und bekommt seinen Sondertermin, warum also ausweichen? Die großen Kranken, unsere Freunde und Zeitgenossen, haben mit ihm zu tun gehabt. Ihre letzten Worte, oftmals eine ganze Weile vor der letzten Stunde ausgesprochen, geben eine Erbschaft weiter, die nicht verfallen ist. Wohingegen die üblichen Schul- und Behelfsformeln wie Rationalismus oder Romantik bei diesem Unternehmen nicht zählen. Ganz draußen, wo die Landzungen menschlicher Logik und Prestige sich ins Meer verlieren, antwortet Gott manchmal dem Schiffbrüchigen mit einem Wort, ohne sich erkennen zu geben.

Im Kapitel Leben (und in diesen Kapiteln) hat also nicht der Tod das letzte Wort, und das ist keine schöne Redensart. Dort draußen, wo wir nicht mehr die Laune haben, die Abgründe zu verstellen (denen wir nach Pascals Wort entgegengehen), spüren wir, wer dem Leben Sinn und Süße verleiht, der Tod, der jeden Tag und jede Stunde kostbar und unersetzlich macht. Den Kranken hat er einen Wink gegeben, den sie verstehen, wahrscheinlich sie allein.

Große Worte gehen uns neuerdings (wenn wir es nicht mit Politik oder Werbung zu tun haben) sehr schwer über die Lippen; eine Widmung voranzustellen, wäre für mich ein solches Unterfangen und darum tue ich es nicht. Nicht ungesagt möchte ich jedoch lassen, um nicht ebenso unhöflich wie undankbar zu sein, was meine Frau Käte Margarete und mein Kollege Hans Jürgen Schultz freundschaftlich zum Entstehen dieser Kapitelchen beigetragen haben, die offenbar nicht aus dem Nachlaß erscheinen.

Fritz Heinrich Ryssel

Sören Kierkegaard
(1813–1855)

Sein verzehrender Schatten ist die Schwermut gewesen. Leidend, krank und bedroht suchte er ihr zu entkommen. Er sah die Abgründe. Der Biß des Wahnsinns bedrohte ihn. Wie er seine Familie ins Auge faßte, die Menschen seiner Welt, die Philosophen und Dozenten, die Denker und die Nachahmer, so beobachtete er sich; wie einem Seelenarzt verschwieg er sich selber nichts. Melancholie hat ihm zugesetzt, sie trieb ihn in die große Unruhe und drohte ihn zu ersticken. Sie schmerzte ihn tief und gönnte ihm »wie der Pfahl im Fleisch« keine Ruhe. Schwermut und Verzweiflung nahmen ihm fast den Verstand. Doch Unendlichkeit der Schwermut machte ihn nicht stumm, er beschrieb sie exakt: »Fragt man einen Schwermütigen, welchen Grund er dazu habe, was ihn belaste, dann wird er antworten, ich weiß es nicht, ich kann es nicht erklären ... Darin liegt die Unendlichkeit der Schwermut. Diese Antwort ist ganz richtig, denn sobald er es weiß, ist sie aufgehoben, während das Leid des Trauernden gar nicht dadurch aufgehoben wird, daß er weiß, weshalb er trauert.«

Gegen Schwermut, Angst, Melancholie und Verzweiflung, »die Krankheit zum Tode«, wie er sie nannte, unentwegt anzugehen, das ist das Problem. Es ist ein Kampf in die Freiheit hinein. Ihn hat Kierkegaard ausgefochten, nicht nur als Denker, sondern als der Mensch, der Sören Kierkegaard hieß, erlitten. Es macht Mut, wie er seiner sterbenden Schwägerin Henriette einen Ausweg beschrieben hat, durch die Verzweiflung über das Selbst schließlich zum Selbst zu gelangen. Wer mit Kierkegaard Berührung gewinnt, sagt Karl Jaspers, den trifft es, »als ob er nun erst mit vollem Bewußtsein seinen Weg zu finden verstehe aus dem Ursprung, der in ihm bereit ist, aber schlummerte«.

Die Ursprünge erklären Gefahr und Leiden. »Ich war schon ein alter Mann, als ich geboren wurde ... Empfindlich, schmächtig und schwach, fast jeder Bedingung beraubt, um anderen Jungen standzuhalten oder auch nur, mit anderen verglichen, als komplettes menschliches Wesen zu gelten«, – solche Selbstbeobachtungen gehen nicht an der Wirklichkeit vorbei. Der Erwachsene beobachtete den kleinen Jungen, der er einmal war, scharf und frei von Eitelkeit. Fast wortkarg fallen entscheidende Worte, Kapitelüberschriften einer Lebensakte: melancholisch, seelenkrank, in vielen Beziehungen tief unglücklich. Ebenso freimütig erwähnt er eine Gabe, die er von früh auf als Waffe der Verteidigung, und wenn's not tut, des direkten Angriffes, benutzte: einen außerordentlich scharfen Witz, »der mir wohl verliehen ward, damit ich nicht ganz schutzlos sei«. Die Geschwister nannten ihn am Familientisch: »die Gabel«, sie stach zu, wenn man sich nicht vorsah. Diese Ursprünge, sie bargen die zerstörenden Kräfte wie die Energien, sie setzten eine seltene Spannkraft frei – wie Kierkegaard nüchtern sein denkerisches Genie umschrieb, seine Zähigkeit, auf ein Ziel hinzuleben. Eine im tiefsten Sinne unglückliche Individualität, mit dem Leiden von früh auf vertraut – der tiefste Grund dafür mochte ein Mißverhältnis zwischen Seele und Leib sein –, entwickelte er einen Geist, der Zerstörung und Verzweiflung besiegte und die Existenz eines Menschen, er selbst zu werden, begünstigte und sicherte.

Die Mitschüler spürten in ihm einen Fremden und behandelten ihn als jemanden, »dessen Elternhaus in ein mysteriöses Halbdunkel von Strenge und Sonderbarkeit gehüllt war«; ein Elternhaus, das im Falle Kierkegaards mit gutem Grund Vater-Haus heißen muß. Der jüngste Sohn des wohlhabenden Wollhändlers Michael Pedersen Kierkegaard, der königliche Patente für den einträglichen Handel mit Ost- und Westindien erwarb, kam am 5. Mai 1813 in Kopenhagen auf die Welt. Alle sieben Kinder entstammten der zweiten Ehe des älteren Mannes mit einer weitläufigen Verwandten, die bereits im Haushalt des Ehepaares als Dienstmagd tätig war. Als das jüngste Kind geboren wurde, war der Vater 57 und die Mutter bereits 45 Jahre alt. Tiefe Schwermut und Hang zur Selbstquälerei waren ein Erbteil des Vaters – im Gegensatz dazu besaß die Mutter ein heiteres Naturell. Der jüngste Sohn nannte seinen Vater später den »schwermütigsten Mann, den ich je gekannt habe«.

Dieser Vater trug schwer am Leben. Er litt durch Jahrzehnte hindurch unter dem Gedanken, daß er sich gegen Gott versündigt habe und darum seiner Strafe nicht entgehen werde. Bereits das Kind, das an der Hand des alten Mannes eingebildete Spaziergänge im Haus unternahm, spürte das bedrückende Schuldgefühl. Der Vater kam nicht darüber hinweg, daß er als Hütebub im armseligen Heidegebiet Westjütlands, hungernd und frierend, den angeblich ungerechten Gott, der ihn ins Elend stieß, verflucht hatte. Reichtum, der sich einstellte, als ein Onkel den jungen Mann mit nach Kopenhagen nahm und er dort nach einiger Zeit eine eigene Firma gründete – diese erstaunliche Wendung überdeckte nicht das haftende Jugenderlebnis. Das gute Geschick schärfte vielmehr das Schuldbewußtsein des niedergedrückten Mannes, der sich einem rächenden Gott gegenüber sah. Er fürchtete die Vergeltung. Was mochte die Strafe für den Fluch sein? Er glaubte sie zu erkennen. Bis auf den ältesten Sohn Peter und den Benjamin starben alle Kinder hinweg. Und der alte Mann, Gestalt einer »Tragödie«, lebte in der unerträglichen Furcht, es sei ihm bestimmt, auch diese Kinder überleben zu müssen. Mysteriöses Halbdunkel: Die Kinder wuchsen mit der Vorstellung heran, früh sterben zu müssen, wie die Geschwister etwa im 33. Jahr. Noch 1842 schreibt Kierkegaard aus Berlin (von einem Verhängnis bedrückt und von einer Ahnung heimgesucht): »Und nun alle meine Schmerzen, alle meine Monologe. Lange lebe ich nicht, das fühle ich sehr wohl, das habe ich nie erwartet, aber ich lebe kurz und um so intensiver.« Die hellsichtige Ahnung mochte in einer schwachen Konstitution ihre der Vernunftkontrolle entzogenen Wurzelgründe haben. (Intensiver leben – diese Bezeichnung weist darauf hin, daß er von seinem Genius in Gang gesetzt und wie von Verfolgern bedroht, seine literarischen Meisterstücke und Selbstdokumentationen zu Papier brachte.)

Die stille Verzweiflung des Vaters, dem nicht einmal Frömmigkeit und Gottesfurcht ersehnten Frieden verleihen
konnten, weckte Furcht und Grauen. Die Enge und Strenge
mißfiel dem Studenten, der mit siebzehn Jahren bereits die
Universität bezog; er lehnte das Gottesbild des Vaters ab
und tadelte ein Christentum, das ihm zunächst unmensch-
lich grausam erschien. Die Gabel stach zu: auf eine indirekte
Weise – Kierkegaard flüchtete in ein ausgelassenes Studen-
tenleben. Er zeigte keine Eile, sein Examen abzulegen und
behielt den Stil des Flaneurs und Zeitverschwenders, der
nicht aufs Geld sehen mußte, lange bei. Als Spurenverwi-
scher und Spieler, der sich nicht in die Karten sehen ließ,
wollte er die Umwelt über seine wahren Interessen, Probleme und Absichten täuschen. In Wirklichkeit entwickelte er
bereits mit 22 Jahren einen durchdachten Lebensplan. Seine
Absichten und Erwartungen zielen in das Gebiet seiner
späteren Aufgabe. Den entscheidungsvollen Rat antiker
Denker »Erkenne dich selbst«, befolgt Kierkegaard mit si-
cherer Selbstbeobachtung. Seinem Hang zur Verschwie-
genheit entspricht es, daß er über sein Vorhaben und seine
Maximen einen geschätzten Verwandten und Naturfor-
scher, der weitab in Brasilien tätig ist, ins Vertrauen zieht,
nicht eine Person der näheren Umgebung. Die Pläne, das
innere Programm eines Lebens, gewinnen deutliche
Umrisse.

Mit seiner Bestimmung ins Reine zu kommen, das rückt in
den Mittelpunkt seines Suchens. Nach fünf Jahren Univer-
sitätsbesuch wiegt die Bemerkung nicht gering, daß das
Arbeiten für die vom Vater erhoffte theologische Prüfung

nicht interessant sei (und daher nicht sonderlich rasch von der Hand geht). Er meint auch nicht, wie der Vater, daß das »eigentliche Kanaan auf der anderen Seite der theologischen Prüfung« liege. Die gelehrte theologische Welt kommt dem Theologiekandidaten vor (ein Vergleich, der den Poeten, Kritiker, Anti-Dozenten in spe mit leichter Hand ausweist) wie der »Strandweg am Sonntagnachmittag« zur Zeit der Wildparklandpartien. Die Menschen stürmen aneinander vorbei, juchzen und schreien, verulken sich gegenseitig, fahren die Pferde zuschanden, werfen um und werden über-fahren. Und wenn sie dann endlich »bestaubt und außer Atem« auf den Wildparkhügel kommen? Ja, so gucken sie einander an – und kehren nach Hause um. Übertreibend, satirisch und doch auf schwache Stellen zielend!

Das Bummelleben verzögerte nicht die Prüfung. Am 1. August 1835 besteigt Kierkegaard, existierender Denker, Christ, außerordentlicher Sendbote, das Schiff, das über eine Tiefe von 8000 Faden, seinen Kurs aufnimmt – mit diesem Bild beschreibt er das Wagnis des Glaubens. Im Glauben sucht er den Sperren der Ursprünge, den Arsena-len an gespeichertem Wissen, den Fesseln von Depressio-nen, Verzweiflung und schwacher Gesundheit zu entkom-men. Kuppen und Spitzen der rettenden Küste erkennt der Student auf seiner geheimen Erkundungsdrift, notiert ver-läßlich (später ständig verdeutlichte) Angaben der Posi-tion. »Was ich wirklich brauche ist, mit mir ins reine zu kommen, darüber: was ich tun soll, nicht was ich erkennen soll.« Hier setzt er, wie erstrebt, Erkennen in den rechten Bezug zum notwendigen Tun, das den Vorrang behält –

»außer insoweit, als ein Erkennen jedem Handeln vorausgehen muß.« Alle Anstrengung setzt er daran, das Gebirge von einer anderen Seite als der Wand der sogenannten objektiven Wahrheit, der allgemeinen Maximen zu ersteigen. Sätze dieser Aufzeichnungen, in einem Ferienquartier in Nordseeland 1835, sind Samenkörner der späteren Bücher, »Wichtig ist es, daß ich verstehe, wozu ich bestimmt bin, was Gott eigentlich von *mir* getan haben will. Es kommt darauf an, die Wahrheit zu finden, die für mich die Wahrheit ist ...«

Er setzt die Akzente, die seinen Namen tragen. Christentum: nicht die Erklärung vieler Einzelerscheinungen nützt dem Menschen, sondern die tiefere Bedeutung für sein Leben. Wo ist der Brennpunkt aller Radien? Ihm fehlt die Erfahrung, wie man ein »komplett« menschliches Leben führt und nicht bloß ein Leben der Erkenntnis. Denker in der Existenz: er will die Entwicklung seiner Gedanken auf etwas gründen »das zusammenhängt, mit den tiefsten Wurzeln meiner Seele«, eingewachsen bis »ins Wesen des Göttlichen«, die ihn auch dann darin festhalten, wenn die Welt zusammenbricht.

Das Schiff nahm den Kurs auf, wenn es auch, um im Bild zu bleiben, noch diesen und jenen Bogen fuhr. Kierkegaard sah das Christentum als eine »Radikalkur«, vor der man zurückschreckt; er floh in dieser Zeit noch vor der wunderlich stickigen Atmosphäre im väterlichen Haus in eine gemietete Bleibe. Doch nach kurzer Zeit wohnte Kierkegaard wieder zu Hause, der alte Mann bedeutete ihm viel, sie versöhnten sich aufrichtig. Der Vater erzählte den Söhnen von seiner

Angst vor der Strafe, er verriet vermutlich seine Skrupel, nach dem Tode seiner ersten Frau so rasch geheiratet zu haben, wenige Monate vor der Geburt einer Tochter. Nach dem Tode des Vaters, der 82 Jahre alt wurde, legte Kierkegaard seine theologische Staatsprüfung ab. Es war, als wollte er dem Vater, der ihm nichts mehr vorschreiben konnte, alle Wünsche und Hoffnungen, mit dem Studium voranzukommen, ohne Zögern erfüllen. Der widerstrebende Sohn dankte dem Vater im nachhinein für Liebe und Sorge. Von den Söhnen wich die Furcht, als Opfer grausamer Mächte, vor dem Vater sterben zu müssen. Mit Auszeichnung schloß er seine Magisterarbeit ab: »Der Begriff der Ironie mit ständiger Beziehung auf Sokrates«. Die Arbeit bewegte mehr Gemüter als nur die Mitglieder einer Prüfungskommission. Kierkegaard begreift Ironie als eine Lebenshaltung, einen Versuch des Geistes, durch Fragen und Infragestellen die Wahrheit ohne jede Überheblichkeit ans Licht zu bringen. Genauer gesagt: ihr behutsam ins Licht zu verhelfen. Was Kierkegaard tat und schrieb, das Bild des mutigen antiken Philosophen stand ihm vor Augen. Das leere Dozieren der Dozenten, die bloß Wissen sammeln und weitergeben, war ihm zuwider.

In die Zeit des Studiums fiel die Bekanntschaft mit der schönen Regine Olsen. Es sah einen Augenblick lang so aus, als könne er das »Allgemeine« finden, als gelänge es ihm, nicht anders als die anderen zu leben. Er gestand ihr: Sie sind es, die ich seit zwei Jahren gesucht habe. Im Tagebuch vermerkte er bald eine überraschende Wendung; innerlich sah er, daß er einen Fehler gemacht hatte. »Meine Schwer-

mut, das war genug. Ich litt unbeschreiblich in jener Zeit.«
Eine erste Krise konnte Regine noch dadurch abwenden, daß
sie ihn beschwor und die Erinnerung an seinen Vater wach-
rief. Aber mehr nicht.

Kopenhagen bekam seinen aufregenden Fall. Er schickte den
Ring zurück und löste die Verlobung am 11. Oktober 1841
auf. Die arme Regine – die ganze Stadt litt mit dem armen
Mädchen und konnte nicht genug davon sprechen. Kierkegaard suchte sie und die Familie mit dem Gehabe eines
ungetreuen Liebhabers zu täuschen. Er spekulierte, daß
Regine ihn hassen sollte, menschlich gesprochen wäre sie
dann »erlöst«. Sie erfuhr damals nicht die wahren Gründe.
Er floh nach Berlin (hörte dort die enttäuschenden Vorle-
sungen Schellings) und ließ den ergebenen und korrekten
Studienfreund Emil Boesen quasi als Späher in Kopenhagen
zurück. Ihr sollte kein Leid geschehen. Deswegen spielte er
seine Rolle. Wie er die Täuschung anlegte, war es nicht
leicht, ihm in die Karten zu sehen. An Professoren und
Bekannte schrieb er aufgeräumte und witzige Briefe – in
Wirklichkeit machten ihm Kopfschmerzen zu schaffen,
nachts konnte er oft nicht schlafen. Er verzichtete darauf,
einen Arzt zu rufen, die Dänen in Berlin hätten es erfahren
können und womöglich nach Hause berichtet. Von ihr getrennt, blieb er mit ihr verbunden. Sie machte ihn zum
Autor; Begebenheiten ihrer gemeinsamen Geschichte be-
schäftigten ihn lange, kamen in den Büchern reflektiert und
verändert mehrmals wieder zum Vorschein. Im Testament
setzte er sie zur Erbin ein. Sie heiratete später, was ihn einen
Augenblick betroffen machte, und starb als Witwe 1905.

Hinderte ihn seine Scheu, Familiengeheimnisse preiszugeben, seinen »Fall« zu bekennen, Versuchungen des Studenten, mit Regine weiter zu gehen? Es waren nur Gründe, die den wahren Grund verdeckten. Im Tagebuch gab er sich später Rechenschaft über die verzwickten Phasen der Verlobung und Trennung: »Gott hatte das erste Anrecht ... Ich gedachte ihrer an jedem Tag in meinem Gebet ... ich habe absolut daran festgehalten, jeden Tag für sie zu beten. Sie war es, die mich zum Dichter machte.« Er heiratete nie, übernahm kein Amt und erfüllte seinen Auftrag; er wartete jeweils auf die letzte Order. Tiefenpsychologen haben viele Schlüsse gezogen. Doch Neurosen und Mängel erklären nicht das Eigentliche, was Kierkegaard erfuhr und befolgte – seine Wirklichkeit. »Der Mensch ist Geist, er ist ein Selbst und er ist das, was er ist in Freiheit.« Der Mensch – was ist der Mensch, wenn nicht eine Synthese von Unendlichkeit und Endlichkeit, vom Zeitlichen und vom Ewigen, sagt Kierkegaard, von Freiheit und Notwendigkeit. Von diesem Glauben ging er aus, mit ihm ging er weiter, bestand er die letzte Prüfung.

Nach der Trennung von Regine erschien 1843 sein Hauptwerk »Entweder/Oder«, eine Exposition im mitreißenden Drama, in zwei Bänden. Es erregte großes Aufsehen und erschien unter einem Decknamen, wie viele seiner Bücher bewußt pseudonym. »Entweder/Oder«, das ist eine klare Entscheidung. Damit beginnt er alle Vermittlung im Sinne Hegels, Verwischung, Unentschiedenheit, den Ausgleich im Sowohl als Auch zurückzuweisen. Ein Bekenner bekennt. Mit einer Entschiedenheit trat er seinen Weg an, wie es im gleichen Jahrhundert nur Karl Marx und Friedrich Nietzsche getan haben. Entweder–Oder ist das Wort, heißt es, bei dem die zugefallenen Türen auffliegen und die Ideale erscheinen. Entweder–Oder ist der Engpaß, der zum Absoluten führt. Bildhaft sagt er: Entweder–Oder ist der Schlüssel zum Himmel. Und Sowohl-als-auch? Der Weg zur Hölle?

Entweder–Oder ist ein schweres Wort. Kierkegaard führt mit Bildern, Vergleichen, Skizzen, Träumen, mit Texten und Kommentaren vor Augen, was der Kritiker klagend und anklagend dem Jahrhundert, ob es hören will oder nicht, in vielen Varianten vorträgt: Denken und Handeln sind zweierlei Dinge. Der Weg zu sich selbst ist ein weiter und beschwerlicher Weg, durch den Engpaß der Entscheidungen. Kierkegaard doziert nicht (wie Dozenten, die Lehre vortragen) über das Thema der Entscheidung, er ruft, macht aufmerksam. In der Erinnerung an Sokrates, lockt er in die Wahrheit hinein; er hält nichts davon, durch Besser-Wissen zu überzeugen. Praktisch hört der Leser von »Entweder–Oder« in diesem Buch zwei Stimmen. Beide fingierten Erzähler vertreten geistvoll und erfahren ihren Standpunkt, es fehlen weder Gründe noch Beispiele und Beredsamkeit. Er übt mit der Feder in der Hand die wirksame Kunst der »indirekten Mitteilung«. Die Entscheidung hat der einzelne Leser, zwischen ästhetischer und ethischer Lebensanschauung; er hört auch von der religiösen Existenzsphäre. Darüber fällt in diesem Werk aber nicht das letzte Wort. Das Problem kommt erst in Sicht.

Kierkegaard zielt auf die Kernfragen der »Selbstverwirklichung«. Die Andeutung der religiösen Existenz ist ein Vorzeichen seiner ganzen Entwicklung. Eine Entscheidung zu umgehen, das wäre keine Entscheidung. Es war sein Mut und seine Größe, als existierender Denker zu leben. Die Gedanken eines Menschen müssen das Gebäude sein, das er bewohnt: »... sonst ist die Sache nicht in Ordnung«. Den meisten Systematikern geht es im Verhältnis zu ihren Systemen, spottet Kierkegaard über die Kluft zwischen Denken und Dasein, wie einem Manne, der ein ungeheures Schloß baut und selber jedoch nebenan in einer Hütte wohnt. Die Philosophen leben nicht in dem ungeheuren systematischen Bau ihrer Philosophie. Der leidenschaftliche Denker unterschätzte nicht Hegels Gedankenkraft, aber Systemdenken wie Geschichtsspekulation trafen nicht die Wirklichkeit der Situation. Abstraktes Denken übergeht die Verzweiflung und Not des einzelnen Menschen. »Es ist das Denken, bei dem es keinen Denkenden gibt. Es sieht von allem anderen als dem Gedanken ab und nur der Gedanke befindet sich in seiem eigenen Medium.« Die Weltgeschichte hat in ihrem Gang kein philosophisches System als Fahrplan. Kierkegaard nimmt mit seinen Einwänden zu Hegels ausgeklügeltem Geschichtsbau die heftige Kritik einer ganzen Epoche vorweg. »Hätte Hegel seine ganze Logik geschrieben und im Vorwort betont, daß es sich nur um ein Gedankenexperiment handele, in der er sich sogar an vielen Stellen um etwas gedrückt haben könne, dann wäre er wohl der größte Denker, der je gelebt hat. Nun aber ist er komisch ...«

Kierkegaard zieht voller Ironie die pathetische Unwirklichkeit eines Einsiedlers in abgelegenen Wäldern der komischen Unwirklichkeit des reinen Denkens weit vor. Sogar das leidenschaftliche Vergessen des Einsiedlers, das ihm die ganze Welt fortnimmt, ist der komischen Zerstreuung des weltgeschichtlichen Denkers, der sich selbst vergißt, weit vorzuziehen. Sich selbst, das ist der Mensch in seinen Konflikten und Widersprüchen. Der Weltgeist Hegels hingegen dreht nach philosophischen Thesen (und Antithesen) das Zeitenrad. Noch nicht einmal einen Seitenblick wirft er auf das mühende und leidende Menschenkind, überflüssig in seiner Anstrengung, die nicht mehr ausrichtet als törichtes Kinderspiel.

Kierkegaard suchte seine eigentliche Bestimmung und lebte ihr suchend entgegen. Von den Gefahren dichtete er nicht, er spürte sie, er verspottete die Festtagsredner, die ihre Rede über das menschliche Dasein damit zu würzen suchten, daß sie Schreckensbilder vom Meere entwarfen, wie es mit mächtigen Wogen über den Köpfen zusammenschlug. Kierkegaard verlachte Rufer, die mit dem Schrei Feurio selbstzufrieden Probealarm machten und nicht bemerkten, daß das Feuer bereits den ganzen Ort umzingelte. Die Rettung aus Feuer (bei einem Theaterbrand, wo das Publikum vor Entzücken kreischte, als der Bajazz, angesichts der Flammen, wahre Schreckensschreie ausstieß) oder der Kampf in den stürmischen Wogen nach einem Schiffbruch dienen als Denk- und Lehrfall für das Dasein der Menschen. Die Frage heißt nicht, wie der Festredner selbstgefällig ausmalt, ob man in die Gefahr hinausspringen will, »sondern nur, ob man sich retten will«.

Wie und wo hinaus? Kierkegaard schrieb in fünf Jahren an die zwanzig Bücher. Er wanderte auf einem Grat zwischen verborgenem Ziel und Absturz. Krisen und dunkle Vorgefühle begleiteten seinen verschwenderisch reichen Schaffensprozeß, eilig und mit der Zeit geizend, setzte er Denk-Steine. Abends ließ er sich eine Weile in der Oper sehen. Der geübte Versteller legte es darauf an, die Beobachter und Bekannten über seine wirklichen Anstrengungen hinters Licht zu führen. Er empfing selten fremde Besucher; mehr Erholung als gelegentliche Ausfahrten gönnte er sich nicht. Er arbeitete fieberhaft, als gelte es, vor Anbruch der Dunkelheit alles unter Dach und Fach zu retten. Es zog ihn an den Katarakt seines Daseins heran: zu einem großen und fast beispiellosen Kampf eines Denkers, Kritikers und Zeugen, der allein in die Schranken trat.

Die meisten großen Schriften zwischen 1842 und 1848 veröffentlichte er unter verschiedenen Pseudonymen, die inzwischen Symbolfiguren für die Auseinandersetzung mit Zeitströmungen und den verschiedenen Seiten seines eigenen Wesens geworden sind. Im gesammelten Werk bilden diese Autoren und Herausgeber eine imponierende Versammlung dialektischer Wahrheitsfinder – je für sich. Weder Spiel noch Maskerade, noch Hang zu Mystifikation, treiben ihn dazu. Nicht die Person des Schriftstellers verlangte die Verhüllung, sondern die Produktion forderte »dichterisch die Rücksichtslosigkeit«, Denk-Positionen zu besetzen. Die vorgeschobenen Figuren sind Vertreter philosophischer Auffassungen, Teilnehmer an einer leidenschaftlichen Diskussion. Was sonst ein Autor in *einem*

Werk an verschiedenen Standpunkten bis zur höchsten Einsicht vergleicht, das unternimmt Kierkegaard in einer Folge von Schriften, die immer mehr zu »Existenzmitteilung« werden. Da treten bekanntlich Teilnehmer am großen Gespräch auf wie: Victor Eremita (Entweder-Oder), Johannes de Silentio (Furcht und Zittern), Constantin Constantius (Die Wiederholung), Johannes Climacus (Philosophische Brocken oder ein Bröckchen Philosophie), Vigilius Haufniensis (Der Begriff der Angst), sie vertreten mit der dialektischen Methode Gegenseiten wie Übertreibungen, ebenso wie Hilarius Buchbinder (Stadien auf dem Weg des Lebens) und Anti-Climacus (Die Krankheit zum Tode, Einübung im Christentum).

Eine entscheidende Wende bahnte sich Ende 1845 an. Er wollte sich dagegen verwahren, daß die Zeitschrift »Der Corsar« eine Mischung aus politischer Satire und persönlichen Angriffen, ausgerechnet eins seiner Werke gelobt hatte. Beifall von dieser zwielichtigen Seite wies er zurück. Abschließende Arbeit an einem Buch hielt ihn vorderhand davon ab, ein deutliches Wort zu sagen. Aber bei nächster Gelegenheit, als ein unglückseliger Literat, der sich für eine Universitätslaufbahn empfehlen wollte, eine seiner Arbeiten verunglimpfte, griff Kierkegaard zur Feder. Er veröffentlichte einen Artikel in der Zeitung »Vaterland« und enthüllte dabei indirekt die geheime Mitarbeit dieses Kritikers am »Corsar«. Allein trat Kierkegaard in die Arena, das Publikum saß ungefährdet in den Logen, die »Gabel«, wie einst der Knabe hieß, stach zu. Käme ich doch nun bald in den »Corsaren«, forderte er heraus, es sei hart für einen armen Schriftsteller, in der dänischen Literatur der einzige zu sein, der dort nicht geschmäht würde. Er war es der »Idee« und dem »Ironischen« schuldig, wie er anderswo notierte, jede Verwechslung mit dem ironischen Fusel zu verhindern, mit dem der Corsar auf dem »Tanzboden der Verächtlichkeit« bewirtete.

Der Geist und Seele zermürbende Angriff setzte mit einem Bombardement aus Gift und Galle ein. Das Blatt machte ihn 1846, ein halbes Jahr lang, mit geistlosen Texten und groben Zeichnungen lächerlich. Der Herausgeber lieferte ihn dem Gespött des Publikums, auf dem Markt wie in den Straßen, hämisch aus. Spekulation auf Neid und Schadenfreude tragen fette Zinsen. Klägliche Karikaturen verspotteten seine bucklige Haltung, seine dünnen Beine. Mit einer Serie lächerlicher Situationen suchte der »Corsar« weiterhin den Geschmack der Hintertreppe zu treffen. Eine Auswahl von Pointen: Kierkegaard verschenkt seine Bücher (weil sie keiner kaufen wollte), trainiert sein Mädchen (indem er auf ihrer Schulter in Frack und Zylinder Huckepack reitet). Ganz Kopenhagen wußte, daß das Mädchen doch Regine meinte. Hohn und Frechheit setzten dem reizbaren, überanstrengten Mann hart, über die Maßen zu. Er arbeitete fast bis zur Verzweiflung, nach seinen Worten, mit tiefen Qualen der Seele und »mannigfachen Leiden in meinem inneren Leben«. Er gab viel Geld aus, um die Bücher herauszugeben (mit den Jahren schmolz sein Anteil am väterlichen Vermögen beunruhigend dahin), um dann »nicht 10 Menschen zu haben«, die seine Bücher ordentlich durchlesen, namhafte Kenner nicht ausgenommen. Tag für Tag verhöhnten ihn

Schuljungen auf seinem Spaziergang, mutwillige Studenten, Handelskommis beschimpften ihn auf der Straße. Die quälende Mißhandlung hörte auch später nicht auf. Was er tut, wird verdreht, Bekannte meiden ihn. Es könnte Schereien geben. Junge Studenten freuen sich, daß ein hervorragender Mann niedergetreten wird. Sören als Vorname ging damals in die skandinavische Welt als Neckwort für einen dummen Peter und Pinsel ein. Und die gebildeten Stände schauten zu. Die »Professoren sind neidisch und billigen heimlich die Angriffe«. Sie verbreiten die Verdrehungen – freilich mit dem Zusatz, es sei eine Schande, so etwas zu äußern.

Noch im nächsten Jahr – 1847 – bemerkt Kierkegaard im Tagebuch: »Sich von Gänsen tottrampeln zu lassen, ist ein langwieriger Tod, und sich von Mißgunst zu Tode reißen zu lassen, ist ebenfalls eine langsame Todesart.« Er litt unter den Beschimpfungen, die Kränkung saß tief, machte ihn krank, aber er bat den Herausgeber nicht darum, die Beschimpfung einzustellen. Er lernte es, als »Einzelner« einen Fall durchzustehen. Sein einziger Vertrauter, das Tagebuch, nahm seine vertraulichen Gedanken, Klagen und bitteren Beschwerden auf: »Sie haben mich weiß Gott schäbig behandelt, ja sie haben mich mißbraucht, wie Kinder ein wertvolles Geschenk mißbrauchen ... Und derart geht es weiter, und wenn ich dann einmal tot bin, so gehen ihnen die Augen auf. Dann wird es bewundert, was ich gewollt habe, und zugleich verhält man sich wieder genauso gegen einen Mitlebenden, welcher vermutlich gerade der einzige ist, der mich versteht.«

Nach dieser Schaffenswoge hielt er seine schriftstellerische Wirksamkeit für abgeschlossen; er war dankbar dafür, selbst abzuschließen. Er suchte Beruhigung in dem Gedanken, Pfarrer zu werden, eine stille Wirksamkeit zu finden, in freien Stunden eine kleine Produktion fortzusetzen ... Die Einschränkung seiner regelmäßigen Spaziergänge verhinderte die gewohnte Entspannung – das erholsame Gehen auf der Straße fehlte ihm sehr. Man hatte ihm die Atemluft verseucht. »Was ich im Verhältnis zu meiner Schwermut und meiner ungeheuren Arbeit nötig hatte, um auszuruhen, war die Situation der Einsamkeit in der Menge. So verzweifle ich denn.«

Erschüttert, bis in die Wurzeln seiner zarten Konstitution, hielt er durch und erfuhr am eigenen Leibe, was es heißt, für eine gute Sache zu leiden. Er war froh über seine Herausforderung: ich habe gehandelt, billigte er sich zu. Er bekam Gelegenheit, sich darin zu üben, einsam zu sein. Die Fehde bereicherte ihn »mit vielen Beobachtungen über die menschliche Natur«, ihre Grausamkeit, Tücke und natürliche Gemeinheit. Er fühlte die Reduzierung des Menschen zur namenlosen Masse, zur Menge. Nur wenn man den »Einzelnen« für die Wahrheit gewinnt, begriff er, ändert man die Welt. Sein Versuch »Darf ein Mensch sich für die Wahrheit totschlagen lassen?« nimmt Gedanken über den Widerstand, die Bedeutung und das Opfer eines einzelnen auf, der für seine Überzeugungen einsteht. Propheten wie Ketzer bezahlen ihre Vorzeitigkeit, die im Nachhinein als Rechtzeitigkeit verstanden werden mag, meistens mit seelischem oder körperlichem Ruin – der Besiegte als Sieger. Der

Streit mit dem »Corsar« dirigierte ihn auf den vorgezeichneten Weg. Die Spannung der Wirklichkeit brachte ihn dazu, »auf der Stelle zu bleiben«, er gab die »schwermütige Idee« auf, als Landpfarrer zu leben. Diese Aufgabe, befand er, hätte im wesentlichen nicht seiner »Linie« entsprochen. Er sah immer mehr ein, daß es ihm aufgegeben war, ein religiöses Werk zu schaffen. Als Schriftsteller gewann er, bildlich gesagt, eine Saite auf seinem Instrument hinzu. Die bittere Affaire mit dem »Corsar« erhielt weitere Bedeutung – es war eine vollzogene Probe für den nächsten Durchgang, ein bestandenes Examen für die Amts- und Regierungszeit eines außerordentlichen Sendboten. Die Wende wurde dem leidenschaftlichen Meister »doppelter Reflektion« immer mehr bewußt. »Ein Einschlag, ein Mehr, von Seiten der Lenkung ist für mich dabei gewesen, wie bei allem: ich habe unbeschreiblich gelernt, bin jetzt vielleicht stärker von Hypochondrie befreit und bestimmter christlich beeinflußt.« Er befreite sich immer mehr. Unbewußtes wurde im bewußt – er sprach sich leichter aus. Plötzlich erwähnte er Sorgen, ungelöste Probleme, das große Maß des Leidens, das weder Beobachtern noch voreingenommenen Kritikern bekannt sein konnte, wenn sie ihm auch massiv »Selbstquälerei« vorwarfen, um den Schriftsteller in der öffentlichen Meinung herabzusetzen. Ihn focht es nicht mehr an, daß der »Corsar«, dessen Erscheinen der begabte Herausgeber und Dichter Aaron Goldschmidt bald einstellte, seine Person als Mensch, Philosoph und Autor der Lächerlichkeit vor einem nicht urteilsfähigen Publikum preisgegeben hatte. Im Jahr nach dem Spießrutenlaufen nahm Kierkegaard sich vor, einen besseren Halt gegen seine Schwermut zu finden. Es läßt sich ahnen, wie sehr sie, die bisher »in den tiefsten Schlupfwinkeln geschlafen« hat, ihn quälte, die Stimmung verdüsterte. Als erprobtes Gegenmittel hat die übermäßige geistige Anstrenung ihm oft geholfen, sie wenigstens niederzuhalten. Die Vorstellung ermutigt ihn, daß er mit seinem Werk anderen Menschen nützt; es wird ihm völlig gewiß, daß Gott ihm in jeder Weise geholfen hat. Als Schriftsteller strebte er mit äußerstem Fleiß danach, sein Werk ganz klar und rein zu machen (ohne jede andere Erwägung), damit es eine »kleine Abschlagszahlung auf seine Schuld« sein könnte. Von der Familie und der Menschheit begangene Schuld und Sünde übernahm Kierkegaard, ohne je den Versuch zu machen, sich ihrer zu entledigen. Erbsünde, Mängel des Menschen, begriff er nicht als Erfindung der Theologen. Er lebt auf, von Lasten befreit. Er fühlt wie er in einem tieferen Sinn zu sich selbst gelangt, indem er in seinem Selbstverständnis Gott näher kommt.

Was er bislang getan und geschrieben hat, verwirft er nicht. Aber jetzt will Gott es anders haben – was könnte es sein? »Da ist irgendetwas in mir in Bewegung, das eine Verwandlung anzeigt.« Er will sich ruhig verhalten, alles durchdenken. Gegen die verstörende Melancholie gewinnt er Vertrauen, daß Gott in der Vergebung vergessen hat, was er verschuldet hat. Zu sich kommen könnte also bedeuten, daß Kierkegaard seiner Schwermut entkommt, so daß er, wenn er an Gott denkt, bei sich denken kann, »daß Er es vergessen hat, und daß auch ich für mein Teil das Wagnis lerne, es in der Vergebung zu vergessen.« Aus den Schächten, in denen Wahnsinn irrlichtert, Depressionen die Nerven bloßlegen, dringen hoffnungsvolle Klopfzeichen: An Vergebung glauben, wenn auch nicht ohne Zweifel und gelegentlichen Rückfall; Gefühl der Befreiung, Veränderung des ganzen Wesens, innerlich neu werden, von der Marter der Selbstquälerei erlöst.

Es war etwas in Bewegung geraten; wie im Märchen war ein eiserner Reif von seinem Herzen gesprungen, der ihn gepeinigt, beinahe zerstört hatte. Gott konnte vergessen und vergeben, das war kein leeres Predigtwort mehr. Der zerquälte Kierkegaard sah helles Sonnenlicht – paradox wie sein paradoxes Denken. Ein Aufschrei, hymnisch herausgestoßen, Aussage auf Aussage, nicht begrifflich gegliedert, in Hauptsätzen Hauptsatz um Hauptsatz, wie mit dem Hammer an das Tor seines verwandelten Lebens geschlagen: »Mein ganzes Wesen ist verändert« (19. April 1848).

Verstehen wir recht? Seine Verschlossenheit ist aufgebrochen – »ich muß sprechen!« Aus dir wird nichts werden, solange du Geld hast, muß der Vater einmal gesagt haben. Kierkegaard bestätigt das Wort des Vaters: halb und halb. Er hat zwar nicht in Saus und Braus gelebt, aber Scharfsinn, Schwermut und Geld – »was für günstige Bedingungen, um in meinem Herzen alle Marter der Selbstquälerei zu entwikkeln.« Aus ihm ist allerdings etwas geworden: ein ästhetischer-ethischer Schriftsteller. Aber jetzt soll er mit Gottes Hilfe ganz er selbst werden. Ohne Schwermut. Sie ist »aufgehoben«. Seine Gedanken kreisen, von Blut und Leiden genährt, um Glauben, Vergebung und die Taten der Liebe.

Bücher, Reden und Tagebücher können als Beweise vorgezeigt werden, wie ein einzelner durch verzweifeltes Denken der Verzweiflung zu entkommen suchte. Er durchbrach die Verschlossenheit, aber Pfarrer wurde er nicht, wenn auch Unterhaltssorgen ihm den Gedanken eingaben, einen solchen Ausweg zu finden. Er durchschaute rasch beschämt ihre verwerfliche Konsequenz. Bescheiden und redlich jedoch kann die Überlegung gelten, vor seinem Angriff auf die dänische Staatskirche und das Christentum, durch die Übernahme eines Pfarramtes zu verstehen zu geben, daß seine Person ebensowenig von der Verurteilung ausgeschlossen sei und er ganz und gar nicht als beispielhafter Christ gelten oder mit »Vollmacht« reden könne. Dieser Gedanke, nicht als außenstehender Ankläger, der Kirche Trug und Abschwächung vorzuwerfen, war kein schwermütiger Gedanke. Seltene Demut und die ihm eigene »Redlichkeit« hielten darauf, keine Sonderstellung zu beziehen. Der ihm seit Kindertagen vertraute und lange verehrte Bischof Mynster wies eine gelegentliche Nachfrage indirekt und leicht hämisch ab, als er dem Besucher riet, er solle doch ein eigenes Seminar ins Leben rufen. Kierkegaard als Leiter eines Predigerseminars! Das ist Spott. Aber wohin führte ihn die Lenkung, als sie ihn von Schmerz und Strafe der »Verschlossenheit« befreite, ihn in den unvergleichlichen ersehnten Stand erhob, vor Gott »durchsichtig« zu werden, im Selbst ganz selbst zu werden, wie der Philosoph es vorgezeichnet hatte?

Als Kierkegaard er selber wurde, da wurde er ein anderer Mensch, wie er dankbar entdeckte. Dabei verschwand das

Ganze der Unmittelbarkeit mit ihrem selbstsüchtigen An-klammern an die Welt und an sich selbst. Menschlich ge-sprochen ist dieser neue befreite Mensch jetzt alt, ungeheu-er alt, aber ewiglich ist er jung.

Kierkegaard konnte sich selbst kaum wiedererkennen, wie er versicherte. Er mußte sprechen. Und er sprach. Er ver-zichtete endgültig auf »indirekte Mitteilung«. Als Autor trat er nicht mehr hinter den Herausgeber; es gab kein »Bauchreden« mehr. Er trat von jetzt an namentlich hervor und erklärte den Grundzweck seiner früheren pseudony-men Schriftstellerei als das Mittel, ein Thema dialektisch zu behandeln, allen Seiten das Wort zu geben. Die erbaulichen Reden nennt er aber fortan deutlich bei Namen: christliche Reden.

Von den dem Christen, der christlich werden wollte, ver-langte er »Gleichzeitigkeit« mit Christus; er durchschaute historisches Bewußtsein als Vorwand, um ins Unverbind-lich-Nichtssagende zu fliehen. Der Verfasser verpflichten-der Existenzmitteilungen sagt in einer Schrift wie »Die Einübung im Christentum«, daß der Umgang mit einer Lehre das Wissen darüber betrifft, doch nicht das Leben, schon gar nicht die Nachfolge. Historisches Christentum schalt er unchristliche Verwirrung. Ein Einwand aus unse-rer Zeit, er habe mit einer bloßen Geste die Geschichte von Jahrhunderten beiseitegeschoben, schlägt nicht zu Buche. Kierkegaard machte auf Fehlentwicklungen, doppelte Moral und fromme Phrasen aufmerksam. Er verwarf die überkom-menen Konventionen als Abwertung der Forderungen, für die das Neue Testament der Maßstab sein soll. Seinen Angriff gegen die Kirche Dänemarks faßte er in einer These zusammen, daß nämlich das Christentum in der Christenheit nicht mehr existiere. Er sah eine furchtbare Katastrophe voraus: »Wie ich die Zukunft verstehe«, daß die Menschen zu Millionen vom Christentum abfallen werden, »denn Tatsache ist, daß das Christentum wirklich nicht existiert, und es ist entsetzlich, wenn eine Generation, die durch ein kindisches Christentum verwöhnt, durch die nichtige Vorstellung, daß sie alle Christen wären, verführt worden ist, auf einmal wieder den Todesstoß empfangen soll, zu lernen, was es heißt ein Christ zu werden, ein Christ zu sein.«

Wie er einmal gesagt hatte, wartete er auf das Stichwort. Bischof Mynster, ein gebildeter Mann und geschätzter Prediger, lange Zeit von Kierkegaard geschätzt, der ihn an jedem Sonntag hörte, nahm keinen Bezug auf die indirekten Angriffe des Schriftstellers. Er machte keinerlei Zugeständnisse, wie Kierkegaard sie erhoffte, daß das herrschende Christentum nicht dem Evangelium entspreche, forderte aber auch nicht den reizbaren Schriftsteller heraus. Es sprach niemand von »Abschwächung«, niemand von Vertuschung. Der Bischof schwieg. Als er starb, fiel das zündende Stichwort. Ein Nachruf auf den verstorbenen Bischof von Seeland enthielt diese Worte. Ein wirklicher »Wahrheitszeuge«, Glied in der »heiligen Kette von Zeugen«, in solcher Gesinnung formulierte Prof. Martensen die üblichen Worte und volltönenden Sätze. Diese pathetische Lobrede verstand Kierkegaard als Signal zum Angriff. Er wartete taktvoll jedoch ab, bis der Redner zum Bischof gewählt worden war;

er wollte noch schweigen, um das Wahlverfahren nicht zu beeinträchtigen.

Nach der Wahl und der Sammlung für ein Denkmal des verstorbenen Bischofs begann Kierkegaard am 18. Dezember 1854 den Angriff in der Tageszeitung »Faedrelandet« – er veröffentlichte einen zurückgehaltenen Artikel, den er schon im Februar geschrieben hatte. Danach folgten weitere Zeitungsartikel und neun Hefte seiner Zeitschrift »Der Augenblick«. Die zehnte Folge lag druckbereit auf dem Schreibtisch, als Kierkegaard ins Krankenhaus eingeliefert wurde. Die Polemik alarmierte die Öffentlichkeit. Es wurde ein Kampf für die Zukunft und in seinem Sinne ein Ruf zur entscheidenden Gleichzeitigkeit mit Christus. Er sah die Idee, für die er bereit war zu leben und zu sterben, wie der Student mit 22 Jahren geschrieben hatte. Ein Bekannter, der in dieser Zeit des Angriffs auf die bestehende Christenheit mit Kierkegaard sprach, erstaunte über die Zuversicht und den Frieden, die sich in seiner Haltung und in seiner Rede ausdrückten. Die lange Zeit seiner Angst lag hinter ihm. Die erwartete »Katastrophe«, die er willens war, auf sich zu nehmen, trat allerdings nicht ein. Der neue Premierminister Bang ließ bekannt werden: daß er einen Autor, der so viel Glanz über Dänemark verbreitet habe, sollte er etwa verhaftet werden, sofort freilassen würde.

Der scharfsinnige Schriftsteller, an Hegels begrifflichem Denken geschult, schrieb seine Polemik und Satire knapp, treffend, unerbittlich. Er sprach die Christenheit und jeden Christen an, nicht die gebildeten Stände der Zeit oder gar eine philosophische oder theologische Leserschaft. Er begann mit der Frage, die für ihn keine Frage war, sondern der Anlaß zum Streit: »War Bischof Mynster ein Wahrheitszeuge, einer von den rechten Wahrheitszeugen – ist das Wahrheit?« Die Artikelreihe endete mit der kleinen Schrift »Dies muß gesagt werden, so sei es denn gesagt«. Ungedruckt blieb auf seinem Schreibtisch das letzte Wort liegen: »Du einfacher Mensch«, darin verschwieg er nicht, daß seiner Meinung nach die Aufgabe, ein Christ zu werden, unendlich hoch ist und daß in keiner Zeit mehr als nur ein paar dahin gelangen werden. Und dennoch sei es für alle möglich, freilich beschwor er den einfachen Menschen: »geh den Pfarrern aus dem Weg«.

Die ganze kirchliche Institution zu einer frechen Unanständigkeit zu machen, das warf er dem neuen Bischof vor. Denn das, was ästhetisch ausgezeichnet und außergewöhnlich an Bischof Mynster gewesen sei, habe nichts mit der Frage nach dem Wahrheitszeugen zu tun – sonst wäre jeder Pfarrer im Lande ein Wahrheitszeuge, der sich nicht gegen die Erfordernisse der bürgerlichen Rechtschaffenheit vergehe ... Satirisch bildhaft beschreibt er die religiöse Situation, wenn er ein komplettes Inventar von »Kirchen, Glocken, Orgeln, Fußwärmern, Opferstöcken, Leichenwagen« aufzählt. Die Existenz des Inventars hält er für einen Betrug, wenn das Christentum nicht existiert. Er denkt an die irrtümliche Folgerung, der zum Beispiel ein Statistiker erliegen könnte, der sich vom Vorhandensein solchen christlichen Inventars überzeugt hat. Er »würde sich für völlig berechtigt halten, in seiner Statistik die Feststellung zu treffen, daß die christliche Religion in dem Lande die vorherrschende sei«. Kierkegaard fand das Schweigen der Geistlichkeit unbegreiflich, wenn offen dargelegt wird, daß das offizielle Christentum im christlichen Sinne ein Skandal sei. Setzt man andererseits voraus, spottet er, daß der Lebensunterhalt das ist, was die Geistlichkeit interessiert, so wird dies Schweigen völlig verständlich. Aber wenn irgend jemand ihren Lebensunterhalt angreifen sollte, könnte er geneigt sein, für die Geistlichkeit zu kämpfen.

Der Angriff auf die Staatskirche und das protestantische Dänemark ging mit seinen Forderungen und Folgen in die Geschichte ein. Kierkegaard wurde nicht verhaftet, die Kirche verschloß ihm auch nicht ihre Tore, wie ein Propst gefordert hatte. Was er als Auftrag verstanden hatte, erfüllte er, er hielt durch, solange es ihm möglich war. Bei der Arbeit an der letzten Nummer des »Augenblicks« fiel er in seinem Zimmer zu Boden. Er erholte sich und konnte seine Spaziergänge wieder aufnehmen. Auf der Straße brach er am 2. Oktober 1855 bewußtlos zusammen. Seine Beine waren gelähmt. Wahrscheinliche Diagnose: Rückenmarksentzündung auf tuberkuloser Grundlage. Im Friedrichs-Hospital sagte er: »Ich bin hierhergekommen, um zu sterben.« Die Lähmung kroch die Wirbelsäule hinauf und nahm den Muskeln des Leibes die Bewegungsfreiheit. Von der Diagnose hielt der Patient nicht viel. »Die Ärzte verstehen meine Krankheit nicht: es ist Psychisches.« Zum höchsten Grad von Lebensmüdigkeit gebracht zu werden, hielt er im Tagebuch (letzte Eintragung) für eine Einwirkung Gottes. Ihn beschwerte nicht die Ahnung, die »Prüfung des Lebens« zu machen: zu sterben.

Emil Boesen, der verläßliche Jugendfreund, strenggläubiger Pastor, besuchte den Kranken fast täglich, bis er kurz vor dem Tode des Patienten wieder abreisen mußte. Er bezeugt die erstaunliche Selbsterkenntnis des Schwerkranken und den Frieden, den er gefunden hatte, als er als »Einzelner« gegen die Gesellschaft aufgetreten war. Verstehend und gelassen blickte er zurück. Wie Paulus spürte er einen Pfahl im Fleisch; darum konnte er sich nicht in die allgemeinen Verhältnisse fügen. Daraus schloß er, daß seine Aufgabe von besonderer Art sei und suchte sie zu erfüllen, so gut er es vermochte. Nicht weit vom Tode begreift er sein Leben wie ein denkerisches Problem: ... »ich bin ein Instrument gewesen für die Lenkung, sie warf mich aus, und ich sollte gebraucht werden; so ist es dann mehrere Jahre gegangen, dann streckt die Lenkung die Hand aus und nimmt mich hinein in die Arche: das ist allezeit der extraordinären Sendboten Dasein und Schicksal. Dies ist es auch gewesen, was mit Regine im Wege stand; ich habe geglaubt, es könnte geändert werden, aber das konnte es nicht, so löste ich das Verhältnis.« Er wußte, das Dasein wie der Gang der Geschichte kann erst im Rückblick verstanden werden. Das Ende besiegelte den Auftrag. Letzte Fragen erhielten letzte Antworten.

An den Worten und Gedanken der Flugschriften wollte er nichts geändert haben. Der Freund gab ihm freimütig zu bedenken, daß er mit seinen Urteilen doch nicht der Wirklichkeit gemäß verfahren sei, sondern viel strenger. Kierkegaard begründete seine Schärfe, daß es die Bestimmung des »Korrektivs« sei, die schwachen Seiten des Bestehenden so einseitig wie möglich darzustellen. Er bestätigt auf dem Krankenlager diese Einseitigkeit seines Vorgehens: »So muß es auch sein, sonst hilft es nichts; ich glaube allerdings, wenn die Bombe platzt, muß es so sein. Meinst Du etwa, ich sollte es verfärben, erst zur Erweckung sprechen und dann zur Beruhigung, warum willst Du mich darin verwirren?« Er kam auf den verstorbenen Bischof Mynster zu sprechen: Er sei ein Koloß gewesen, und es haben starke Kräfte dazu gehört, ihn umzureißen. Seinen eigenen Tod nahm Kierkegaard als Bestätigung dafür, daß nichts mehr zu tun übrig blieb. »Ich will gerne sterben, so bin ich dessen gewiß, daß ich die Aufgabe gelöst habe.« Er betrachtete seinen Tod als Appell für notwendige Initiativen. »Was von einem Toten kommt, darauf wird man weit eher hören als auf das, was von einem Lebenden kommt.«

Boesen, der Freund und Pastor, fragte, wie es seelsorgerischer Pflicht entsprach, ob er nicht das Heilige Abendmahl empfangen wolle. Kierkegaard blieb streng: »Freilich, aber nicht von einem Pastor, sondern von einem Laien.«

»Das kann wohl schwer geschehen.«

»So sterbe ich ohne das.«

»Das ist nicht recht.«

Darüber wollte Kierkegaard nicht mehr disputieren. »...Ich habe meine Wahl getroffen. Die Pastoren sind staatliche Beamte, haben kein Verhältnis zum Christentum.« Das ist ja doch nicht wahr, es stimmt nicht mit der Wahrheit und Wirklichkeit überein, wandte der Besucher ein. Kierkegaard wich nicht von der Linie ab, die als Lebenslinie seinen »Auftrag« abschloß. Er redete freundschaftlich mit dem

Freund: »Ja, siehst Du, Gott ist der Souverän, aber da kamen alle diese Menschen und wollten sich im Christentum die Sache nach ihrer Bequemlichkeit einrichten – und die tausend Pfarrer – und so kann niemand im Lande selig sterben, ohne dazu zu gehören, so werden sie zum Souverän, und es ist aus mit Gottes Souveränität, aber ihm soll in allen Dingen gehorcht werden.«

Er bestätigte, daß er in Frieden zu Gott beten könne. Er konnte es dankbar und frei von Schwermut und Haßgefühlen. Zuerst möchte er um die Vergebung für alle Sünder bitten, daß ihnen verziehen werden möge. Er betet inständig darum, daß er im Augenblick des Todes von Verzweiflung frei sein möge; darin begegnet er dem sterbenden Pascal, dessen Bild er vor verfälschender Modernisierung bewahren wollte. Was er sich sehr wünschte: es vorher zu wissen, wann der Tod kommen werde. Es klang sogar durch den Ernst und die Strenge in der Sache des Glaubens ein heiterer Ton.

Der treue Emil Boesen hat aufgezeichnet, daß Kierkegaard auf die Bemerkung, er sehe so gut aus, als ob er jeden Augenblick aufstehen und ausgehen könne, mit einem Anflug seltenen Humors entgegnete: »Ja, das einzige, was dabei störend ist: ich kann nicht gehen.« Aber er konnte emporgehoben werden. Er hat das Gefühl gehabt, so erzählte er, von jeglicher Verzweiflung frei, daß er ein Engel würde »und Flügel bekäme ...« Der Freund mußte wieder heimreisen. Einige Tage darauf ist Kierkegaard am 11. November gestorben. Frieden erfüllte seine Seele. Frieden löst die letzten Gewichte der Selbstsucht und Erdenschwere. Nun streckt Gott die Hand aus »und nimmt mich in die Arche hinein«.

Der Christ aus Leidenschaft, der »Spion Gottes«, wie er sich einmal genannt hat, ein Rufer nach Reformation (von der er mehr als nur einen Begriff vermittelt hat), der Kritiker, der mit seinem Leben für Wahrhaftigkeit bürgte und Redlichkeit vorlebte: er endete, wie es immer das Schicksal der außerordentlichen Sendboten ist. In der Kathedrale des Bischofs, in der Frauenkirche, kam die Trauergemeinde zum Gottesdienst zusammen; von der Geistlichkeit erschien Peter, der Bruder, und ein Stiftspropst. Studenten hingegen stellten sich als Wache an den Sarg.

Am Grabe aber trat nach der Einsegnung des Toten ein jüngerer Mann unvorhergesehen an das offene Grab. Zuerst las er aus der Offenbarung Johannes, mit einer deutlichen Spitze gegen jene, die weder kalt noch warm seien, und dann trug er einen Absatz aus den Flugblättern Kierkegaards vor, die dem bestehenden Christentum Gleichgültigkeit, Heuchelei und unevangelischen Geist vorwarfen. Es war eine Aufforderung, aufzuhören am öffentlichen Gottesdienst teilzunehmen »... denn dann hast du nicht daran teilgenommen, Gott zum Narren zu halten und etwas ›Christentum des Neuen Testaments‹ zu nennen, was nicht Christentum des Neuen Testaments ist«. Es war Hendrik Lund, junger Arzt im Krankenhaus. Kierkegaard hatte einst diesem Neffen einen schönen Charakterzug zugesprochen, dessen Erwähnung sich Regine entsann, die auf eine Aussprache mit Kierkegaard »in der ruhigen Zeit des Alters« gehofft hatte: er ist treu. Der Neffe ist es auch gewesen, der ein erstes Verzeichnis der hinterlassenen Schriften anlegte.

Die Frage liegt auf der Zunge: was sagt uns Kierkegaard heute, haben wir in unserem Leben (und Sterben) noch mit ihm zu tun? Manche seiner Probleme sind mit unseren Sorgen nicht mehr identisch, seine Umwelt ist einer anderen Welt gewichen. Was er getan hat, was er in Bewegung setzte, ist jedoch noch nicht abgetan. Mit dem Christlichen bleibt dieser Christ in Rufweite. Er war eine Ausnahme: einzigartig und wollte keine »Schule« bilden. Dozenten, die eine, gar seine Lehre vortrugen, aber nicht mit ihr lebten, erfüllten ihn immer mit blankem Zorn. Im modernen Sinne fragte er nach der Existenz des Menschen und nach seiner Wahrhaftigkeit. Die Philosophie hat sein Erbe bewußt aufgenommen; seinen Glauben übernahmen die Philosophen in den meisten Fällen nicht mehr. Seine Angriffe auf die Kirche seiner Zeit haben ein notwendiges Gespräch in Gang gesetzt. Sein Vorwurf, daß eine langweilige Predigt keinen Glauben stiften könne, hat ebenso aufmerksame Hörer gefunden wie sein Tadel, daß bloße Lehre die Frage nach der Existenz übergeht. Christus hat keine Dozenten angestellt – sondern Nachfolger gesucht – das Wort verpflichtet jeden Christen, der Christ werden will. Mit seinem Gottesbild haben sich Christen wie Nichtchristen zu beschäftigen.

Mit seinen Ängsten und seiner (überwundenen) Verzweiflung ist er uns nah geblieben – gar näher gekommen? Seine Forderungen nach »Konkretion« hilft nach wie vor den Menschen auf dem Wege, der »Indifferenz« aus dem Wege zu gehen. Sonst sind sie weder das eine noch das andere.

Und Indifferenz – das ist in seinen Augen das Böse. Übersteigerung der Wissenschaften und Verarmung durch einseitiges Denken hat er vorausgesehen. Überheblichkeit, Nivellierung und religiöses Stilleben können durchaus noch als Kapitelüberschriften in der Postmodernen verwendet werden. Konservativ wie der protestierende Kierkegaard politisch gesonnen war, arbeitet er mit seinen Gedanken über die einsetzenden Nivellierungstendenzen der Zukunft entgegen. Er will den großen Prozeß nicht aus Angst oder Ängstlichkeit anhalten, sondern durch ihn hindurch soll der einzelne vor Gott wieder Gestalt und Farbe gewinnen, als Person Verantwortung tragen. Wenn man bedenkt, daß am Ende unseres Jahrhunderts das Verständnis für den mündigen Menschen und Christen wächst, die Bildungsarbeit das Individuum anspornt, so ist Kierkegaards Ruf noch nicht verhallt, daß der Mensch sich seiner selbst bewußt werde. Sein Elan, die Menschen und vor allem die Christen in ihrer Existenz, in der Lebensdarstellung ihres Glaubens, zu ändern, zur Tages-Ordnung zurückzurufen, findet bei uns Echo. Er erinnerte daran, daß das Christentum keine Masse von Namenschristen sein darf. Bei der Definition von Glauben und Wissen schlug er keine dialektischen Eselsbrücken: er hielt auf Redlichkeit. Was ist Glaube? Daß das Selbst durchsichtig wird vor Gott. Der Glaube betrachtet den »Beweis« als Feind, der dem Irrglauben den Sieg »in die Hände spielt«. Wie auch seine Erklärungen zum Problem der Taufe, nicht nur wegen der satirischen Lichter, immer mehr aktuellen Bezug gewinnen. Unsere modernen Fragen nach Gott wären ihm fremd, aber sein Abscheu vor Gleichgültigkeit und Augenwischerei stärkt unsere Unbefangenheit, miteinander zu sprechen. Sendboten dieses geistigen Formates beunruhigen durch prophetische Ahnungen. Vor seinem Auge tauchte ein totaler Bankrott in Europa auf, »... eine Sprachverwirrung, viel gefährlicher als jene babylonische ..., eine Verwirrung nämlich in den Sprachen selbst, ein Aufruhr, der gefährlichste von allen der Worte nämlich, die losgerissen von der Herrschaft des Menschen, verzweifelt gleichsam aufeinander losstürzen: und aus diesem Chaos greift der Mensch gleichsam wie aus einem Glückstopf das erste beste Wort, um seine vermeintlichen Gedanken auszudrücken.«

Er hoffte darauf, daß die »verlorenen Söhne der Sprache« zurückkehren und wünschte der Christenheit Männer wie Luther, was wiederum Erneuerung und Reformation einschließt, die dann die verlorene Kraft und Bedeutung der Worte zurückgewinnen. Bei solchen Diagnosen und Hoffnungen an Männer wie Dietrich Bonhoeffer, Tillich, Bultmann und andere zu denken – das stärkt Mut und Hoffnung. Das gequälte Leben Kierkegaards endete in Frieden – es stiftet uns Frieden und die Zuversicht: Gott ist die Liebe.

Vincent van Gogh
(1853–1890)

Ein Sonderling – der älteste Sohn der Pastorenfamilie. Der Genius erschien in den Augen der Leute, die auf öffentliches Ansehen, regelmäßigen Kirchgang und ein gesichertes Auskommen hielten, als ein Tunichtgut, ein Hungerleider, ein Eigenbrötler.

Theodorus van Gogh, der Vater, ein besorgter, verträglicher Mann mit einem korrekten Glauben, konnte sich nicht leicht damit abfinden – wer verstünde die väterlichen Überlegungen nicht –, daß dieser Sohn nicht entfernt so geraten und gesonnen war, wie es die Familie der Pastoren, wohlgelittenen Kunsthändlern und Beamten gewünscht hätte; der Herr Vize-Admiral, der den Amsterdamer Hafen verwaltete, räumte dem ungestümen und grübelnden Neffen vorübergehend einen Platz im Hause ein – zu Tisch beisammen sitzen, das taten sie nicht. Ein »anmaßender Pinsler« hieß es später, ein Radikaler, eine »Nullität«.

Was den Leuten wesentlich war, galt dem Boten, der ein Genius war, nicht als das Wesentliche. Sein Auftrag, den er viele Jahre lang nicht im Wortlaut kannte, trug das Kennwort: per tenebras ad lucem. Bestimmungsgemäß schleppte er seinen überanstrengten Körper und entflammten Geist ins Licht. Er verging in der Helligkeit.

Die Legende des Nachruhms überschattet die Gestalt wie die Summe seiner Erkenntnisse, den Elan seiner Forderungen, die er mit seinem Leben beschrieb. Er schlug einen Weg ein, der an der Akademie vorbeiführte oder durch sie hindurch. Als Kunstgehilfe und Hilfslehrer suchte er die Armen im Londoner Eastend auf, als Hilfsprediger lebte er mit den Schattengestalten dahinsiechender Grubenarbeiter; als Missionar auf eigene Faust brach er mit dem offiziellen Kirchentum seiner Zeit; der Christ, mit dem Geist der Urchristen, kehrte einer halbverwelkten Frau, die ihm über den Weg lief – einem Straßenmädchen – nicht den Rücken; der Maler in seiner holländischen dunklen Periode (bevor er das neue Licht und die Freilichtmalerei in Paris mit eigenen Augen sah) verfolgte das mühsame Dasein der Weber und Bauern, Arbeiter und Knechte mit Hunderten von Studienblättern und einigen Meisterwerken.

Für die Bergleute wie für die Weber fühlte er eine »große Sympathie«. Ist der Arbeiter der Kohlengruben für ihn ein Mensch mit der Tiefe eines Abgrunds – de profundis –, so hat hingegen der Weber »ein träumerisches, fast verträumtes, fast schlafwandlerisches Aussehen«. Wenn er – noch vor dem Tode des Vaters, 1885 – mit dem Malzeug über Land ging, gewann er ein deutliches Bild vom kümmerlichen Dasein der Weber: Leute, die weder klagen noch aufbegehren, aber gerade das war noch schlimmer und oft herzzerreißend. Während der Mann webt, muß eine Frau für ihn spulen, das Garn auf Spulen winden; häufig bekommt er vom Fabrikanten Bescheid, daß er erst später ein neues Stück abnehmen kann. »Also ist nicht nur der Lohn niedrig, sondern auch die Arbeit knapp ... Die Leute sind still ... Aber sie sehen ebenso wenig fröhlich aus wie die Droschkenpferde oder wie die Schafe, die im Dampfschiff nach England verfrachtet werden.«

Mit den Zeichnungen eines Webstuhls wollte er ein »je ne sais quoi« hörbar machen, Laute eines schweren Daseins, er wollte ausdrücken: »... daß das Ding aus Eichenholz ist, schmutzig geworden durch verschwitzte Hände, und ... Du wirst bisweilen unwillkürlich an den Arbeiter denken ... Es muß manchmal eine Art Seufzer oder Klage aus diesem Lattengerümpel kommen.« Das Ölbild »Die Kartoffelesser«, im April 1885 gemalt, ist technisch ein Abschluß, sein Meisterstück der Helldunkel-Malerei. In der expressiven Spannung bebt seine Liebe zu den armen Bauern, seine Unzufriedenheit mit den Zuständen und sein Drang, den bürgerlichen Konventionen zu entkommen.

Für die darbenden und verkommenen Maler, die von der Gesellschaft und den Feldhütern wie Tagediebe, »Vagabunden« über die Schulter angesehen werden, suchte er, bis in die Wochen des letzten Zusammenbruchs hinein, eine Gilde zu stiften, sie vor dem »Krepieren« zu bewahren, eine gemeinsame Ausstellungs- und Wohngemeinschaft zu organisieren.

Seine Bilder hängen nun seit langem im Museum, angestrahlt und bewundert. Reproduktionen machten ihn populär und unbekannt zugleich. Seine Sonnenblumen – er verstand sie als ein Sinnbild seines Dankes und als Angstschrei zugleich. Doch die Zeugen seines Martyriums werden zum beliebten Wandschmuck. Es sieht so aus, als ob fortan Mißverständnisse den Toten entrückt wie Unkenntnis und Hochmut den Lebenden übersehen hat ...

Er trat für Monticelli, seinen Malerkollegen, ein und sprach dabei für sich, als er dessen Not gegen ahnungslose Dummheit verteidigte. Seiner Lieblingsschwester Wilhelmien schrieb er vor dem Ausbruch der Krankheit in Arles: »Ich denke hier schrecklich oft an Monticelli. Ein ungewöhnlicher Farbgeschmack, ein ausgezeichneter Mensch von seltener Rasse, von besten Traditionen. Er starb in Marseille in ziemlich traurigen Umständen, wahrscheinlich nach einem wahren Golgatha. Hör zu, ich bin sicher, daß ich sein Nachfolger bin, als wäre ich sein Sohn oder sein Bruder.«

Seine exaltierte Frömmigkeit der jungen Jahre und die Verehrung für seinen Vater bewogen ihn, den Kunsthandel zu verlassen, den er als organisierten Diebstahl bezeichnete, und Hilflosen beizustehen. Es war ihm, als ob es keinen anderen Beruf mehr auf der Welt gäbe als den eines Schulmeisters oder Predigers. Schließlich drängte es ihn, Volksmissionar zu werden. »Man muß umhergehen unter den Arbeitern und Armen«, forderte er von sich, und »wenn man einige Erfahrung hat, mit ihnen reden.«

Das Studium alter Sprachen war nicht nach seinem Geschmack. Seine Ungeduld und Sehnsucht, den Menschen unmittelbar beizustehen, kam mit dem Buchstaben der Grammatik nicht zurecht. »Glaubt Ihr nun wirklich, daß derlei Abscheulichkeiten für jemand notwendig sind, der will, was ich will, armen Menschen Frieden geben mit ihrem Erdengeschick?«

Nach dem Besuch einer Missions-Schule in Brüssel, deren Vorstand dem eigenwilligen Zögling wenig Vertrauen entgegenbrachte und ihn nicht fest anstellte, zog Vincent ins Borinage im südlichen Belgien, dem grauen glanzlosen Land der rücksichtslos ausgebeuteten Grubenarbeiter. Die evangelischen Forderungen nahm er als Maßstab für sein Tun und Denken. Dem Beamtendenken des Missionskomitees mißfielen sein Auftreten und seine Art, den Glauben beim Wort zu nehmen. Der Grubenleitung kam ein solcher Hilfsmissionar, der ihren Interessen entgegenarbeitete, höchst ungelegen, er paßte nicht ins Profit-Denken.

Was er im Herzen trug, konnte er nur mühsam »par coeur« vermitteln. Vincent predigte nicht gut; es fiel ihm schwer, frei zu sprechen, und er, der so viel zu sagen hatte, fand nicht leicht die Worte. Er verglich zwar die Mühseligen und Beladenen mit geplagten Bergleuten, doch wenn die müden und verzweifelten Zuhörer ihn verstanden, so nicht wegen seiner Predigten: es war der anteilnehmende hilfsbereite Mensch, der sie anzog und sogar ihr Vertrauen gewann. Vincent verschmähte es nicht, mit ihnen zu leben, es drängte ihn dazu; er lebte so sehr mit ihnen, daß die Praxis des Missionars den Oberen gründlich mißfiel. Denn Vincent sah die trostlose Gegend mit scharfen Augen; er verschönte nicht die erbärmlichen Zustände und mißbilligte die unmenschlichen Verhältnisse der einzig auf Rentabilität bedachten Grubengesellschaft, die mit den Familien, die zwischen den Kohlenhalden und geschwärzten Gartenstücken dahinvegetierten, kein Erbarmen kannte.

Er pflegte die Kranken, tröstete die Alten, er verschenkte seine Habe, so wenig er auch besaß; er ging in einer abgetragenen Jacke umher, ohne Strümpfe an den Füßen. Er lebte mit den Ärmsten der Armen. Sein möbliertes Zimmer beim Bäcker gab er auf, er wohnte in einem Schuppen und verteilte das Geld. Mit Vincents Augen konnte Theo, der treue und hilfsbereite Bruder, sehen, was die Gesellschaft mit Menschen anstellte, wie die Bergleute starben und verdarben. »Es ist ein düsterer Fleck, und auf den ersten Blick hat alles im Umkreise etwas Trauriges und Totes. Die Arbeiter sind meistens vom Fieber abgemagerte, bleiche Leute und sehen ermüdet und ausgemergelt aus, verwittert und frühzeitig gealtert, die Frauen im allgemeinen fahl und verblüht.« Eine Schlagwetterexplosion und Streiks verschärften die Lage. Vincent teilte das Letzte mit dem Letzten und Nächsten. Typhus und ein bösartiges Fieber, »La sotte Fièvre«, plagten die Menschen, beschwerten, wie ein Alpdruck mit scheußlichen Träumen, das Gemüt.

Man könnte jahrelang im Gebiet sein, erläuterte er dem Bruder, aber wenn man nicht unten in den Gruben gewesen sei, könne man sich keine richtige Vorstellung von den Zuständen machen. Vincent hatte mit eigenen Augen gesehen, was er beschrieb. »Diese Grube steht in schlechtem Ruf, weil viele Bergleute darin umkommen, sei es beim Ein- oder Ausfahren oder durch Luftmangel oder durch Explosion von Grubengas oder durch das Grundwasser oder durch den Einsturz veralteter Stollen ... In den untersten Stockwerken der Grube liegen oder stehen die Bergleute in einer

Reihe von Zellen in einem ziemlich engen Gang, er ist durch rohes Holzwerk gestützt. Vor allem Kinder – Jungen und Mädchen – laden die losgehackte Kohle in Wagen, die auf Schienen, wie eine Straßenbahn, befördert werden. Andere Arbeiter sind damit beschäftigt, die verfallenen Stollen auszubessern, um das Einstürzen zu verhindern oder neue Stollen in die Flöze zu graben.«

Vincent bedauerte die stumme Kreatur, die nicht mehr ans Licht kam. In siebenhundert Metern Tiefe traf er auf einen Stall mit alten Pferden, die Kohle zum Sammelpunkt schleppten. »Die ganze Einrichtung ähnelt den Zellen in einem Bienenkorb oder einem dunklen, düsteren Gang in einem unterirdischen Gefängnis oder einer Reihe kleiner Webstühle, oder eigentlich sehen sie aus wie eine Reihe kleiner Backöfen, wie man sie bei den Bauern sieht oder wie Nischen in einem Grabgewölbe.«

Unterirdisches Gefängnis: Henri Perruchot erwähnt in seiner Biographie über van Gogh eine Statistik über das Borinage. Danach arbeiteten damals dort 2000 Mädchen und 2500 Jungen von vierzehn Jahren, 1000 Mädchen und 2000 Jungen von vierzehn bis sechzehn Jahren, 3000 Frauen und 20000 Männer über sechzehn Jahren in den Gruben. Die Löhne waren in den letzten Jahren noch erbärmlicher geworden als sie es vordem waren. Grubenarbeiter, die im Jahre 1875 3,44 Francs je Arbeitstag verdienten, erhielten im Jahre 1877 nur noch 2,52 Francs. Es wird nichts geändert – das meiste Geld wandert in die Taschen der Aktionäre. Vincent erstrebte so sehr Solidarität mit den Bergarbeitern und ihren Familien, daß sein »Übermaß an Eifer«, wie sie es nannten, die Vorgesetzten und Revisoren erschreckte. Ihre Prediger sollten Abstand halten, Ansehen wahren, nicht Unzufriedenheit und Aufruhr gutheißen. Die Herren vom Konsistorium entzogen Vincent die Erlaubnis, als Volksmissionar zu wirken und zu predigen.

Der geistliche Stand des Vaters wie die Amtskirche rückten ihm fortan ferner und ferner; schon damals erkannte van Gogh, so erläutert Walter Nigg in seinem Werk »Religiöse Denker«, »daß die mittelmäßige Kirchlichkeit der größte Feind des Evangeliums ist«. Vincent lavierte nicht zwischen Entweder-Oder, er mied das offizielle Christentum, das Christentum, um mit Julius Meier-Gräfe zu sprechen, »wie's die anständig gekleideten Leute verstehen ...« Dem Gott der Kirchlichkeit wurde er fremd. Er fühlte sich als »eine Art Gläubiger in seinem Unglauben«, seine Frömmigkeit richtete ihre Kraft in die gegenwärtige Zeit, auf die unterdrückten, in ihrer Not alleingelassenen Arbeiter, Bauern, hilflose Frauen und Kinder. Sein Gott gebot Erbarmen, Gerechtigkeit und Güte. »Siehe, ich finde ihn mausetot, diesen Gott der Pfaffen.« Nicht minder deutlich als die Schilderungen in den Briefen, führen Vincents Zeichnungen aus dem Kohlengebiet vor Augen, wie Menschen anderen Menschen das Leben verdüsterten.

Nach der Entlassung lebte er ohne Amt, arm und krank, unter Kranken und Armen. Was sollte werden – ein »Käfig«, dessen Ausgang er noch nicht fand, hielt ihn gefangen. Er las Shakespeare, die Goncourts, Balzac, Michelet und viel in »Onkel Toms Hütte«; er war ein Leser, der mit dem Herzen las. Er begriff: »Es gibt noch so viel Sklaverei in der

Welt«; er dachte an das Wohl »der armen Unterdrückten«.
Die Ratschläge der Familie und ein Besuch Theos besserten
nicht das Verhältnis. Später stand ihm Theo durch alle
Krisen bei. Vincent schwieg beharrlich und war wie ver-
schollen; bis zum Juli 1880 gab er kein Lebenszeichen von
sich. Er aß das Brot der Einsamen und Verlassenen, ohne
Bleibe zog er herum; er war ärmer als die Armen. Er litt
unter dem »Heimweh nach dem Lande der Bilder«. Was
konnte er tun? Er öffnete den Käfig von Verzweiflung und
Trauer von innen her. Er fand in der Malerei »eine Heimat«,
doch trug er dabei, wie es Millet gesagt hatte, seine »Haut«
zu Markte – der Künstler wie der Mensch, der unter der Zeit
und den Verhältnissen litt. Er gewann dabei Blick für Menschen und Handlungsweise, er überblickte schließlich die
Schwächen einer Epoche, er begriff ihre »Anarchie, Stagna-
tion« und ahnte die heraufkommende Zukunft.
Vincent verglich die Lehren und Versprechungen der Gesellschaft, sowohl mit der Praxis ihres Tuns als auch mit den
Forderungen des Evangeliums, das sie oft und gern anführ-
ten. Die Rücksicht und die Feinheit der feinen Leute schien
Vincent in Wirklichkeit grausam und rücksichtslos zu sein.
Er bezweifelte die Ehrlichkeit der Moral und Sittlichkeit. Im
täglichen Leben erfüllten die Besitz- und Bildungsbürger
nicht die von ihnen gestellten Ansprüche. In diese doppel-
züngige Weltanschauung konnte sich der »Arbeiter in Chri-
sto«, wie Vincent sich genannt hatte, nicht hineinfinden –
»... da kriege ich keine Luft, ich würde drin ersticken«.
Er bereute es, daß er sich früher »von mystischen und
theologischen Tiefsinnigkeiten« habe verleiten lassen, sich

zu viel in sich selbst zurückzuziehen. Er lebte seinen Glauben, ohne zu predigen.

Einen weiteren Zusammenstoß mit der Familie und den Freunden, Vetter Mauve, dem Maler, den Kunsthändlern, brachte daher, nach der vergeblichen Liebe zu einer verwitweten Cousine, sein Verhältnis zu einer heruntergekommenen Frau. Er fühlte Zuneigung und Liebe, auch jenen Frauen gegenüber, die die Pastoren von der Kanzel herab verwarfen. Für ihn wurde diese Bekanntschaft eine Probe der Wahrhaftigkeit, als er die schwangere Frau kennenlernte, von dem Manne verlassen, dessen Kind sie erwartete. Auch Theo hielt nichts von dieser Verbindung und widersprach besorgt, wägend mit guten Gründen, die er nicht aus der Luft griff. Die Frau, die tagsüber waschen ging, war unregelmäßiges Leben gewöhnt, sie trank. Aber Theo sah nicht durch Vincent hindurch, als sei der Bruder Luft für ihn – er suchte zu verstehen und schickte weiterhin Geld. Vincent spürte am eigenen Leibe, wie die äußerlich ehrbaren Leute ihren Gegner würgten, ohne einen Finger zu rühren. »Das Geld ist heutzutage, was das Recht des Stärkeren früher war. Gibt der Stärkere einen ›Faustschlag ins Genick?‹ Er tut es in der Form von ›Ich kaufe nichts mehr von ihm‹ oder ›Ich helfe ihm nicht mehr‹.«

Von der verquälten Religiosität der frühen Jahre ist Vincent frei geworden. Aus der Geschichte mit Christine, die er als Sorrow zeichnete, welk und verhärmt, ist herauszulesen, wie sehr sittliches Verhalten sein Handeln bestimmte – mitbestimmte. Unter die Lithographie schrieb er bekümmert ein Wort von Jules Michelet. Es war Winter, als diese

Frau hungrig und krank vor ihm herlief, erläutert Walter Nigg die Zusammenhänge, und van Gogh war nicht der Mensch, der wie der Priester und Levit teilnahmslos vorübergehen konnte, als ginge es ihn nichts an. Er brachte sie in die Klinik, als sie ihrer Niederkunft entgegensah und freute sich über das Kindchen, das gesund zur Welt kam. Er half ihr, nahm sie auf und lebte mit ihr zusammen – sie vor dem Verderben zu retten, das hielt er zunächst für seine Pflicht und Schuldigkeit. Er meinte sogar: »daß jeder Mann, der das Leder seiner Schuhe wert ist, dasselbe getan haben würde, wenn er einem solchen Fall gegenübergestanden hätte. Wenn sie allein wäre, ginge sie vielleicht zugrunde; eine Frau darf nicht allein sein in einer Gesellschaft und einer Zeit wie der, in der wir leben – einer Zeit, die die Schwachen nicht schont, sondern mit Füßen tritt, und wenn ein schwaches Geschöpf gefallen ist, mit Rädern drüber hinfährt. Darum, weil ich so viele Schwache zertreten sehe, zweifle ich stark an der Richtigkeit von vielem, was man Fortschritt und Bildung nennt. Ich glaube an Bildung, selbst in dieser Zeit, doch nur an die Art Bildung, die auf wirklicher Menschenliebe beruht. Was Menschenleben kostet, finde ich barbarisch, und davor habe ich keine Achtung.«
Keine Liebschaft – Vincent sprach von zwei Unglücklichen, die einander Gesellschaft leisten und gemeinsam eine Last tragen, und gerade dadurch verwandelt sich das Unglück in Glück, und das Unerträgliche wird erträglich. Mit ihr betrieb er seinen kleinen Haushalt – »ein Atelier mit Wiege und Kinderstühlchen – kein mystisches oder geheimnisvolles Atelier«, wie er erklärte. Kein Traum, sondern Realität.

Was Vincent bewirken wollte, gelang nicht – es nimmt seinen Absichten und seiner Kritik der Gesellschaft nichts an Wert. Er dachte mit großer Traurigkeit an die Frau und an die Kinder zurück; er meinte, die Wirklichkeit im Blick verstehend: »Doch ihr Unglück ist, fürchte ich, größer als ihre Schuld.«

Später, als er sich noch Vorwürfe machte, sie verlassen zu haben, was nicht der Fall war (er rettete zermürbt seine pure Existenz), ließ er die Behauptung, es handle sich nur um eine abgetakelte Hure und um Hurenkinder, nicht gelten, um sich etwa zu rechtfertigen – »... in meinen Augen ist es ein Grund mehr zu innigem Mitleid, was ich ja übrigens bewiesen habe.«

Sechs Jahre später nahm Vincent in seinen fürsorglichen und offenherzigen Briefen an den jungen Emile Bernard, der mit Gauguin zusammen in der Bretagne malte, noch einmal Bezug auf das Verhältnis von Freudenmädchen und Künstlern. Wie erschöpft von vielen Gefechten mit dem unaufhörlichen Elend, meditierend, nicht aggressiv oder böse und anzüglich im Ton, vergleicht er sogar die Ähnlichkeit der Situation von Künstler und Straßenmädchen bei den bestehenden Zuständen. Es ist kein Spott in seinen Worten, er analysiert: »Ausgestoßen, ein Auswurf der Gesellschaft, sicherlich wie ich und Du es sind, ist sie folglich unsere Freundin und Schwester, und sie findet in dieser Stellung als Auswurf, ebenso wie wir, eine Unabhängigkeit, welche, genau betrachtet, nicht ohne Vorteile ist.«

Sein gemietetes Haus in Arles sollte eine erste Station der ersehnten Künstlervereinigung werden und den Malern ein

Dach über dem Kopf geben; dort könnten sie einigermaßen sorglos malen und ihre Arbeit zum Verkauf geben – der Erlös ginge in eine gemeinsame Kasse. Ein Traum, den der Bruder später, ein karges halbes Jahr bis zu seinem Tode, alleine weiter träumte. Vincent schilderte die Malerei, die nicht auf offizielle Förderung hoffen konnte, als eine Geliebte, die einen Mann ruiniert und um den letzten Groschen bringt. Der Künstler dürfte nicht ständig überlastet sein. Ein Habenichts, Hungerleider, verlacht und über die Schulter angesehen, so trägt er die Kosten, übernimmt er allein das Risiko. »Darum müßte man Malerei auf Kosten der Gesellschaft machen. Aber das ist in dieser Zeit nicht zu erwarten: denn niemand zwingt einen zu arbeiten.«

Die Gleichgültigkeit wird in dieser Gesellschaft bleiben, schreibt er. Obschon Vincent ausdrücklich bemerkt, daß er kein politischer Mensch sei, so hielt er darauf, in Anbetracht der wichtigen Lebensfragen, nicht beiseite zu stehen in der Gesellschaft oder sich tot zu stellen. Seine Erfahrungen in der Malerei hatten ihn gelehrt, sich über seine Absichten klar zu werden, sich zu entscheiden. Das war sein Schluß: Man kann nicht zur gleichen Zeit am Pol und am Äquator sein. Der Gesellschaft, in der die Geldwölfe die Schafe zerreißen, sagte er den Untergang voraus. Er zog es vor, unterdrückt zu werden, statt zu unterdrücken; besiegt zu werden, statt Sieger zu sein. »... besser ein Schaf sein als ein Wolf, besser der sein, der totgeschlagen wird als der Totschläger, besser nämlich Abel sein als Kain ... da mit ziemlich hungrigen und bösartigen Wölfen zu rechnen ist, so würde es nicht zu den Unmöglichkeiten gehören, daß wir eines Tages aufgefressen werden. Nun – wenn das auch nicht gerade erfreulich sein wird, halte ich es schließlich doch für besser, zugrunde zu gehen, als einen anderen zugrunde zu richten.«

Ihn verband nichts mit den Tulpenhändlern, die nicht die Blumen lieben, sondern ihren Handel – ein Symbol, das Vincent gebraucht, um all das einzuschließen, was er ablehnt, verfallen und fallen sieht: das System, die Reichen reicher zu machen, und die einfachen Leute, die Arbeiter, seine Weber, Bauern, die Künstler und die hilflos Hilfebedürftigen ihrem Elend zu überlassen. Sein Glaube bewahre ihm seine Gelassenheit auch dann, wenn man vereinsamt, sagte er, nicht verstanden wird und schließlich auf jedes materielle Glück verzichten muß, auf Frau und Kind – das wahre Leben. Ihn stärkte der Glaube an eine heraufkommende Zeit. »... man fühlt instinktiv, daß ungeheuer Vieles sich verändert und daß alles sich verändern wird. Wir leben im letzten Viertel eines Jahrhunderts, das wie das vorige mit einer gewaltigen Revolution enden wird ... die Seiten des helleren Himmels und der Erneuerung der ganzen Gesellschaft nach diesen großen Stürmen werden wir sicherlich nicht mehr erleben, doch es ist schon etwas, wenn man sich von den Falschen und Schlechten seiner Zeit nicht täuschen läßt und das ungesund Dumpfe und Gedrückte der Stunden, die dem Gewitter vorangehen, darin spürt. Und sagt: wir leben zwar in Beklommenheit und Schwüle, aber die kommenden Geschlechter werden freier atmen können ...«

Für seine Person hat er sich damit abgefunden, die alte

Geschichte zu erleben, als Künstler zu säen, ohne die Früchte der Arbeit zu ernten – es ist die alte Geschichte der selbständigen Geister. »Geldmangel, schlechte Gesundheit, Widerstand, Alleinsein, kurz, von Anfang bis zum Ende Mühsal.«

Mit der Gelassenheit, die ihm seine Krankheit und seine Energie, den Pinsel nicht aus der ermatteten Hand zu legen, zuweilen gestatteten, diente er, immer mehr schwankend, seiner Kunst. Einmal schrie er auf: »hätte man mich nur nicht durch den Dreck geschleift«, sonst nahm er sein Schicksal an, wie das Korn, ohne zu »keimen«, zwischen den Mühlsteinen der »beaux arts« zermahlen zu werden. Aber wie er spürte, daß ein Neues heraufkam, so bewunderte er die Denker, Künstler und Wegbereiter, die Zergliederer, deren Diagnose so kühn und folgerichtig die Mißstände bei Namen nannte – den Blick auf das Kommende gerichtet. Er billigte, daß sie es vermieden, Utopien auszumalen. Davon hielt er nichts, »denn betrachtet man die Geschichte des Jahrhunderts«, sagte er, »so sieht man mit Schrecken, wie die Revolutionen zu Fehlschlägen werden, auch wenn sie noch so edel beginnen.«

Vincent, der gereift, nach den Übersteigerungen der jungen Jahre, ein frommer Mensch geblieben ist, verehrte Christus als den großen Künstler, der mit Menschen arbeitete, statt mit Ton oder Schrift. Vincent rief sich selber zur Ordnung, wenn seine Phantasie etwa Ideen vom Weiterleben auf anderen Sternen nachhing.

Der im Religiösen wurzelnde Mensch durchschaute die Vergötzung und Verkennung Gottes als moralischer Ordnungsstifter oder fügsamer Bundesgenosse menschlicher Gier und Begierden. Der Grübler nahm die sichtbare Welt als Ort der Bewährung und Entscheidung, so sehr er auch dem weiteren Schicksal des Menschen nachdachte. Keine fixe Idee von Gott hieß er gut, keine erklügelten Begriffe, immer fest auf dem Boden des Lebens bleiben, wie er bewunderten Autoren nachrühmte.

Seiner künstlerischen Imagination stand ein sicheres Gefühl für die Realität, für ihren Wert und ihren Charakter zur Seite. Im Vergehen und Vergänglichen wollte er, nach einem Wort Michelangelos, das Unvergängliche sichtbar machen. Er verachtete die Pose, jede falsche Frömmigkeit wie das Getue der feinen Leute, die gerne fein taten und rücksichtslos handelten. Gesellschaft war für ihn ein ebenso hohles Wort wie »der liebe Gott«. Er malte nicht große Herren und Würdenträger, sondern Männer wie den kunstbegeisterten Farbenhändler, den Père Tanguy, seinen väterlich besorgten Freund, den Postboten Roulin, der ein Republikaner von altem Schrot und Korn war, den wettergebräunten Ochsentreiber aus der Camargue, den ehrenwerten Herrn Escalier, junge Mädchen aus dem Volke und alte Frauen. Er malte sie alle im vollen Wert ihrer Persönlichkeit, er verfolgte ein Ziel: Menschen zu malen, wie er sie sah und kannte. Der Mensch ist mehr als alles andere, bekannte er, und »übrigens auch sehr viel schwerer darzustellen«. Als er ein paar Studien für ein Kathedralenmotiv zeichnete, erklärte er seine Liebe und Nähe zu den Menschen, die Solidarität mit ihnen: »Aber ich male lieber Menschenaugen als Kathedralen, denn in den Augen steckt etwas, was in der Kathedrale nicht steckt, wenn sie auch feierlich und eindrucksvoll ist; die Seele eines Menschen – und mag es auch nur die Seele eines Straßenmädels sein – ist in meinen Augen interessanter.«

In seinem harten, von Dürftigkeit begleiteten Leben waren Vincent alle Träume vergangen. Doch außer seinem beträchtlichen Ahnungsvermögen für Menschen und Dinge gab es erkennbare Gründe für seine Prognosen. Die Ruhe in Stadt und Land trog, die Stabilität konnte nicht die Risse im Fundament verbergen. Die Praktiken des besitzenden Bürgertums waren nicht geeignet, auf lange Sicht den Strom von Unzufriedenheit, Groll und Bitterkeit aufzuhalten. Als eifriger Leser der Geschichtswerke Jules Michelets, den er in Briefen und Gesprächen gerne als Gewährsmann und Dolmetscher seiner Gefühle zitierte, war er davon überzeugt, so wenig Beifall er damit im Elternhaus und in der honorigen Verwandtschaft finden konnte, daß eine gerechtere Idee ihre Früchte tragen werde, wie auch immer im einzelnen das aussehen mochte. »Der Arbeiter gegen den Bürger – das hat heutzutage ebenso gute Gründe wie vor hundert Jahren der tiers état gegen die beiden anderen. Am besten, man schweigt, denn die Entwicklung spricht nicht für die Bürger, und wir werden noch mehr erleben, wir sind noch lange nicht am Ende. Wie viele Tausende und Abertausende laufen verzweifelt herum, obwohl es Frühling ist ... aber ich sehe auch das junge Mädel, das mit seinen kaum zwanzig Jahren kerngesund sein könnte – doch es hat die Schwindsucht im Leibe, und vielleicht geht es ins Wasser, noch ehe es an einer Krankheit stirbt.«

Vincent hat es im Gedächtnis behalten, was er in Elends-quartieren und Vorstädten gesehen hat. Mag sein, daß die gutgestellten Bürger die wahren Zustände nicht bemerken, räumte er ein, aber er, der eine Reihe von Jahren und eigentlich mehr oder weniger bis zum Ende, trotz der brü-derlichen Hilfe, schlecht dran war – sah, wie das Gebäude hinter der Fassade beschaffen war: »es läßt sich nicht weg-schwindeln, daß die große Verelendung eine schwerwiegen-de Tatsache ist.« Es tröstete ihn, wenn er herausfand, daß die tatkräftigen Menschen des Jahrhunderts immer »gegen den Strom« geschwommen sind. An Menschen wie Corot, Millet und Delacroix zweifelt man nicht. Diese Namen bedeuteten für ihn ein Programm der Menschlichkeit, einen Protest gegen die übliche Vetternwirtschaft und Heuchelei. Millet, den er nicht ohne Grund verehrte, doch in der Qualität der Malerei überschätzte, lebte einfach und sagte von sich, da er in Holzschuhen gehe, werde er schon durch-kommen; ein Wort, das Vincent rührte und anspornte. Delacroix lebte für seine Malerei, und wenn ihm seine Geliebte nicht den Haushalt geführt hätte, wäre er schon viel früher seinem Leiden erlegen. Vincent zitierte zum Ansporn gerne den Ausspruch des großen Malers, wonach er erst seine Kunst beherrschte, als er keine Zähne mehr hatte.

Das war ein Wort nach dem Sinne Vincents, der wie Monti-celli seinen Leidensweg ging und schließlich nur noch hoff-te, in dem Maße, in dem er leidender wurde, als Künstler und Schöpfer zuzunehmen. In Corot bewunderte van Gogh den Maler wie den Menschen, der ein starkes Mitgefühl für

Leiden hatte und im Alter noch zum hellen Himmel auf-
blickte – »aber er ging auch in die Lazarette, wo die Verwun-
deten lagen und krepierten«.

Im Besitz solcher Eindrücke und Vorbilder schwamm Vincent gegen den Strom. Weil die Zeit die Zustände ohne
Hinzutun an Mut und Einsicht der Menschen nicht ändern
konnte, darum bezog er Stellung gegen die soziale Misere
und Ungerechtigkeit. Darum wollte er wie ein einfacher
Arbeiter leben und nicht mit den Unterdrückern verwech-
selt werden; darum verwarf er es, die Dinge einfach laufen
zu lassen und zu krepieren – »oder noch schlimmer, ver-
rückt oder dämlich zu werden«.

Die Streiks allerorten sah Vincent als eine ernsthafte Sache
an, als ein Vorzeichen der Änderung und als einen notwendigen Dienst für spätere Geschlechter – »denn dann wird es
eine gewonnene Sache sein«. Und wenn der einzelne weder
»Heilung noch Rettung« bringen kann, so kann er doch
mitfühlen und daran teilnehmen. Und darum nahm Vincent teil und erklärte seinem mehr ausgleichenden Bruder
Theo (den er zu unrecht auf der Gegenseite der Barrikade
vermutete), wo er 1848 gestanden hätte: auf der Seite Michelets, hinter einer Barrikade als Revolutionär oder Rebell.
Und was die Barrikade angeht, so leugnete Vincent nicht,
daß es in seinem Leben eine Zeit gegeben hat, da er auf der
anderen Seite stand. Im Jahr, da die Zahlen umgedreht sind,
1884, gab es Barrikaden auf den Straßen zwar nicht mehr;
»aber eine Barrikade, was die Unvereinbarkeit von Altem
und Neuem betrifft, ach, die gibt es gewiß auch noch im
Jahre 84, ebenso wie im Jahre 48.«

Einige Jahre später, 1888, zwei Jahre vor dem Schuß auf den Feldern von Auvers und der Nacht mit dem Bruder am Sterbebett, erinnerte er in einem Brief aus Arles den jungen Bernard an die architektonisch aufgebaute Gesellschaft des Mittelalters, wo jedes Individuum ein Stein war, alle zusammenhielten und eine »monumentale Gesellschaft bildeten«. Doch davon konnte jetzt keine Rede sein, ein Ordnungsgedanke war für ihn nicht sichtbar, Vincent sprach von Anarchie und Indifferenz. Er hoffte auf das soziale Gebäude der Sozialisten und erwartete von ihnen eine »Inkarnation« der geordneten Gesellschaft, die sie logisch errichten werden. In Sachen der Kunst sagte er der Schwester die Abwertung der bürgerlichen Salonmalerei voraus und weitergreifende Veränderungen. »Die offiziell anerkannte Kunst ist mit samt ihrer Erziehung, Leitung und Organisation stumpfsinnig und morsch geworden wie die Religion, die wir fallen sehen. Sie wird nicht überdauern, und wenn es noch so viele Ausstellungen, Ateliers, Schulen und dergleichen gibt. Sie wird genausowenig am Leben bleiben wie der große Tulpenhandel.«

In diesem Punkte traf Vincents Vorhersage nicht ein. Die Züchter, die Blumen lieben und die Maler, die ihre Bilder malen und dabei die Haut zu Markte tragen, sind keine Tulpenhändler geworden, sondern deren Opfer. »Die Ausstellungen, die Gemäldegeschäfte, alles, alles ist in den Händen von Burschen, die das Geld für sich einsäckeln. Du darfst keine Sekunde glauben, daß ich mir das nur einbilde. Die Leute geben eine Menge Geld aus, wenn der Maler selbst tot ist.«

Trotzdem sah er eine Schar von Malern am Werk, die alle ein Leben von Straßenhunden führten und doch für die Zukunft ungleich mehr als die offiziellen Ausstellungen bedeuteten. Darum suchte er eine Gilde der gegenseitigen Hilfe zu gründen, allerdings sah er die Schwierigkeiten beim Zusammenleben verschiedenster Individualitäten nicht genau voraus. Doch das war das kleinere Übel. Seine Idee ging dahin, die Künstler vor der ärgsten Not zu bewahren: »sie sollten im Stande sein, zu leben und ihre Malmittel zu bezahlen«. Ein Teil der Kosten für ein Bronzedenkmal, murrte er, hätte einen Meister zu Lebzeiten vor Elend und Depression bewahrt. »Es ist dann ferner so, daß die materiellen Schwierigkeiten des Malerlebens die Zusammenarbeit und Vereinigung der Maler wünschenswert machen. Wenn die Maler für das materielle Leben sorgten und sich wie Kameraden liebten, anstatt sich gegenseitig die Augen auszukratzen, wären sie glücklicher ... Immerhin beharre ich nicht darauf, denn ich weiß, das Leben nimmt uns so rasch hinweg, daß wir keine Zeit haben, gleichzeitig zu diskutieren und zu handeln. Das ist der Grund, warum wir, da die Einigkeit nur sehr unvollständig besteht, gegenwärtig auf dem hohen Meer in unseren kleinen und elenden Barken fahren, getrennt und einsam auf den großen Wogen unserer Zeit ...«

Längst dem Amtskirchentum entfremdet, erwartete er von der Einwirkung des neutestamentlichen Geistes eine Verbesserung der Verhältnisse. Vincent möchte etwas Umwälzendes entdecken, etwas Ursprüngliches und Mächtiges in der Gegenwart, wie es früher die gesamte alte Gesellschaft in Bewegung gebracht hat. Vergangenheit und Zukunft betreffen die Menschen »nur indirekt«. In der eigenen Zeit sind die Konsequenzen zu ziehen, um die Menschen von Melancholie und Pessimismus zu befreien.

Ohne Besitz und äußere Macht wirkte Vincent van Gogh als große geistige Macht. Von der regierenden Besitzgesellschaft verachtet und von den Kleinbürgern verhöhnt, riß das »Klecksermännlein« mehr als ein Stück täuschender Fassade aus dem Mauerwerk der bürgerlichen Selbstgerechtigkeit. Ein Gefangener seines Auftrags und seiner Not, der Dorés Holzschnitt, mit den Gefangenen hinter Mauern, farbig kopierte, half er einen Weg in die Freiheit zu finden – in eine bessere und gerechtere Ordnung der Gesellschaft. Doch sein Weg lief ins Dunkel, in einen »Abgrund von Einsamkeit«, so sehr er sich dagegen stemmte.

Vincent malte in Arles seine zukunftsweisenden Bilder. Anfälle machten es nötig, ins Spital zu gehen, er griff Gauguin an, quasi als Selbstbestrafung schnitt er sich ein Ohr ab. Krisen und Anfälle, vermutlich der Epilepsie, ein Erbteil der Mutter, bedrückten ihn, machten ihn zeitweise verwirrt und nahmen ihm die Besinnung. Hernach ging er freiwillig in die Heilanstalt St. Paul bei St. Rémy. In den Phasen ruhiger Nerven malte er im Freien, oder er kopierte, eingesperrt hinter Stäben, nach Vorlagen verehrter Meister neue Meisterwerke, er instrumentierte sie mit seiner Konturenschrift und Farbe. Er findet sich zunächst ohne Klage drein. Der Saal, in dem man sich an Regentagen aufhält, erscheint ihm wie ein Wartesaal dritter Klasse in irgendeinem abgelegenen Dorf. Die Passagiere geben »sehr honori-

ge Geisteskranke ab«, die stets Hut, Brille, Stock und Reise-
anzug tragen wie die Gäste der Seebäder. Das Leben im
Garten macht die Traurigkeit heller. »Ich habe gestern einen sehr großen, ziemlich seltenen Nachtfalter gezeichnet,
den man Totenkopf nennt, die Farbigkeit von erstaunlicher
Vornehmheit, schwarz grau, nüanciertes Weiß und mit
karminfarbenen oder vage ins Olivgrün gleitenden Re-
flexen.«
Er ließ den Falter leben, auch wenn er ihn gerne gemalt
hätte. Der gedankenvolle Vincent tötete keine Kreatur ge-
dankenlos. Er findet, daß es ihm in dieser Umgebung nicht
schlecht ergeht. In einem Ton zwischen Scherz und Galgen-
humor, vorerst ohne Verzweiflung, schreibt er, daß er (außer der Zelle) ein eigenes Zimmer zum Arbeiten habe, da
mehr als dreißig Zimmer leer stünden. Die Kritik an der
Verwaltung setzt beiläufig ein. Dem unermüdlich tätigen
Kopf mißfällt es, daß die Insassen absolut nichts tun. Trotz
der Anfälle stärkt und zerstreut ihn die Arbeit. Trotz mancherlei Anzeichen hofft er geduldig auf Besserung. Sein
Verhältnis zu Dr. Peyron, der mancherlei Rücksicht auf ihn
nimmt, ist gut. Erst nach schweren Anfällen und Depressio-
nen sucht er, die Anstalt zu verlassen. Dabei überträgt er die
Reizbarkeit auf den behandelnden Arzt. Der Vorgang wie-
derholt sich hernach im Verhältnis, in der Freundschaft zu
Dr. Gachet. Nach dem seelischen Wettersturz hofft er er-
neut, in der Arbeit ein brauchbares Heilmittel zu finden. Er
will aufbrechen und entkommen. Drängte es ihn 1888 in
den Süden, wo er Japan finden wollte, so zieht es ihn aus St.
Rémy geheimnisvoll in den Norden.

Im Juli 1889 malt er mit matter, unauffälliger Farbe und gebrochenem Grün. Er verspürt Lust, mit einer Palette wie im Norden zu beginnen. Er sieht die Anstalt nicht mehr wie ein Zuschauer an. Er ist gereizt und ablehnend, er hat Angst vor den anderen Kranken und meidet seine »Unglücksgefährten«. Der Geschlagene schlägt zurück. Aus Angst vor den Krisen und der Ohnmacht opponiert er. Sein Plan: er ißt für zwei, arbeitet intensiv und meidet die Kranken, »kurz, ich versuche jetzt, gesund zu werden, wie einer, der sich töten wollte, wieder das Ufer zu erreichen sucht, da er das Wasser zu kalt findet«. Er fühlt immer mehr das Verlangen, die Freunde und die Landschaft des Nordens wiederzusehen. So zeichnet er alte Hütten und eine Bauernstube mit Kamin und Stühlen. Er bereitet den Bruder auf die Rückkehr vor, erst bittend, dann fordernd. Die alten Klöster machen ihn krank, er fürchtet religiöse Wahnvorstellungen, es erregt ihn jetzt, »alle Augenblicke gute Weiblein zu sehen, die an die Jungfrau von Lourdes glauben und solche Dinge fabrizieren ...« Dr. Peyron, der nicht »viel Hoffnung« für die Zukunft gibt, erscheint als der »gute Herr Peyron«. Als Vincent seinen Willen durchsetzt, findet er zu seinem friedfertigen Gleichmut zurück – wie ein Passagier, der als Zuschauer seine Beobachtungen macht, entspannt und ruhig. »Unglück ist zu etwas gut.« – Schwere Anfälle jedoch werfen ihn zu Beginn des Jahres 1890 für viele Wochen nieder. Er verzweifelt »fast oder ganz« an sich. Dann überwindet er den tiefsten Punkt. Vier Wochen vor dem Aufbruch, drei Monate vor dem Ende im Gasthof der Familie Ravoux, hofft er auf den Norden wie ein Gefangener auf die

Freiheit. Er malt weiter, so das Bild für den Kritiker und Poeten Albert Aurier als ein Zeichen des Dankes, für den, der als erster Schrifsteller das Werk des Malers verstand und deutete. Der Lebenswille vertreibt die Angst. Nach der sehr schweren Krise ist er davon überzeugt, daß er im Norden schneller gesunden werde, wenn er auch einen Rückfall nicht ausschließt. Wie ein Gewitter ist die ganze schauderhafte Krisis verschwunden. Es kommt ihm auf einmal schwieriger vor, den Koffer zu packen als ein Bild nach dem anderen zu malen. Die Bilder, so hofft er, mögen eines Tages die Reisekosten decken. Die letzten Tage in der Provence sind für ihn »wie eine Farboffenbarung«.

Am Sonntag, den 18. Mai trifft Vincent in Paris ein. Als Jo, die Schwägerin, die er Schwester nennt, ihn sieht, ist sie überrascht. Statt eines niedergeschlagenen Mannes sieht sie einen strahlenden Vincent, dessen Laune die glücklich und ohne Wärter überstandene Reise beträchtlich gehoben hat. »Er ist ja vollkommen gesund und sieht auch viel kräftiger aus als Theo«, denkt sie, als sie die beiden Brüder betrachtet. Den kleinen Vincent, das Patenkind, findet er weder schwächlich noch besonders kräftig. Theo hingegen hustet schlimmer als vor zwei Jahren. Lärm und Wirrwarr der großen Stadt schrecken Vincent bald, nach wenigen Tagen geht er aufs Land.

Mit Hilfe und Freundschaft von Dr. Gachet, Freund der Künstler und insgeheim Maler und Radierer, sieht er in Auvers zeitweise zuversichtlicher in die Zukunft: »... ich liebe die Kunst und das Leben noch sehr.« Gachet begreift die Bilder des Malers und »akzeptiert sie vollkommen, aber wirklich vollkommen, so wie sie sind«. Vincent hat einen Freund in seiner Nähe. »Ich fühle, daß er uns vollständig verstehen und daß er mit dir und mir ohne Hintergedanken arbeiten wird, mit seiner ganzen Intelligenz, aus Liebe zur Kunst um der Kunst willen.«

Es ist herauszuspüren, was der feinfühlige und mit Künstlerleiden wohlvertraute Arzt beabsichtigt: Vincents Selbstvertrauen zu stärken, dunkle Eingebungen und Quälereien zu vertreiben. Und Vincent? Es ist eine Fülle von Bildern, die entstehen, Landschaften, das Rathaus, Bildnisse; um den 24. Juni herum malt er das junge Fräulein Ravoux, eine sechzehnjährige Tochter seiner Wirtsleute. In einem Fernsehfilm unserer Jahre erzählte sie als Greisin vom Maler und seinen Gewohnheiten. Es ist ein Porträt in Blau gegen einen blauen Grund, er schenkt der Familie das Bild und malt eine Variante für den Bruder. In diesen Junitagen ist nicht von Schwäche und Gleichgültigkeit die Rede, wer von nachlassender Kraft spricht, argumentiert vom Ende her. Er arbeitet viel und schnell. Er sucht »das verzweifelt eilige Vorübergleiten der Dinge im modernen Leben auf diese Weise auszudrücken«. In der letzten Juniwoche malt er die Tochter seines Freundes – »mit Vergnügen«. Er möchte gerne für einige Tage nach Paris fahren, um Maler zu besuchen. Gachet hat einen Besuch angesagt, um die aus dem Süden eingetroffenen Bilder zu sehen.

Um diese Zeit gelingt ihm eins der größten Bilder seines Lebens und der ganzen Zeit. Er hat dem Porträt von Dr. Gachet nach seinen eigenen Worten einen Ausdruck von Melancholie gegeben. Derart kommt vielen Betrachtern das

»Gesicht wie eine Grimasse« vor. Gerade damit will Vincent zeigen, »wieviel mehr Ausdruck« gegenüber den Bildnissen der alten Meister die modernen Porträts haben, »Leidenschaftlichkeit, Erwartung, Streben«. In dieser Weise müßte man viele Porträts machen: »traurig und doch zart, aber klar und intelligent«. Er denkt an moderne Köpfe, die man noch in hundert Jahren sehen möchte – und seufzt: »Wenn ich wenigstens noch zehn Jahre hätte ...«

Er hofft sehr, eines Tages das Porträt seiner Lieblingsschwester Wil malen zu können. Doch der Rückschlag kommt rasch. Ende Juni bemerkt Vincent, daß er nicht damit rechnen kann, stets die nötige Gesundheit zu haben. Die innere Unsicherheit und die dunklen Ahnungen finden bald eine Person, gegen die der gereizte Vincent angehen kann: Dr. Gachet. Der Freund und Kenner, Arzt und Gönner rückt vehement in den Schatten. Vincent glaubt, daß man in keiner Weise auf ihn zählen kann. Er hält ihn für ebenso krank wie sich selbst. Wenn ein Blinder den anderen führt, werden dann nicht alle beide in die Grube fallen, fragt er den Bruder. Er fühlt sich erledigt, die Aussicht »verdunkelt sich«, er sieht die Zukunft »gar nicht glücklich«.

Nach einem Besuch in Paris, der unter keinem guten Stern stand, richtet ihn ein Brief seiner Schwägerin auf; sie schreibt, daß er sich den Gedanken aus dem Kopf schlagen solle, ihnen zur Last zu fallen. Die verständnisvollen Worte mindern seine Angst und Sorgen, doch er fühlt ein bedrohliches »Gewitter«, er fühlt sein Leben »an der Wurzel selbst« angegriffen. Trotz der Erschöpfung malt er drei große Bilder. Seine Bilder seien fast ein Angstschrei, dachte er einmal, doch seine Sonnenblumen sollen nichts als Sinnbilder seiner Dankbarkeit sein. Im Juli 1890 in Auvers sieht er »ungeheure Flächen mit Getreide unter bewölkten Himmeln«, sie sind durchtränkt von »Traurigkeit, äußerster Einsamkeit«.

Zerstörende Melancholie folgte ihm wie ein Schatten, der ins Dunkel ziehen wird. Nach den Anfällen in Arles nahm er täglich ein Mittel, das der »unvergleichliche Dickens gegen den Selbstmord« verordnet. Die Schwester erfuhr die Zusammensetzung: ein Glas Wein, ein Stück Brot mit Käse und eine Pfeife Tabak.

Mochte die Schwester daraus schließen (wenn sie es tat), daß sein Fall nicht schwer sein könnte – über die heiteren Bemerkungen zucken hintergründige Flammen. Sollte ein Beobachter es »nicht für möglich halten, daß die Melancholie bei mir bis zu einem Punkt geht, von dem aus es nicht mehr weit ist ... manchmal – ach, aber ...« (10. April 1889)

Ach, die Arbeit lenkt ihn nicht mehr ab, Armut, Krankheit, Alter, Wahnsinn, das waren die Schrecken auf seinem Wege: vor einem »Abgrund von Einsamkeit«. Noch arbeitet er, obwohl ihm der Pinsel fast aus den Händen fällt. Geldsorgen bedrücken ihn, er macht sich insgeheim Vorwürfe, daß er dem Bruder auf der Tasche liegt, er möchte noch viele Dinge erklären, aber er fühlt, »daß es unnütz ist.«

Die Arbeit hatte ihn erschöpft, die Krankheit entmutigt. Die Kräfte reichten nicht mehr dazu aus, sich zu verteidigen, wie er sich vorgenommen hatte. In der Krise, in Qual und Verzweiflung, schoß Vincent am 27. Juli auf sich. Er starb am 29. Juli, 38 Jahre alt, ruhig und bei vollem Bewußtsein.

Der unglückliche und treue Bruder saß an seinem Bett. Vincents letzte Worte waren, in der Muttersprache gesprochen: »Ich möchte heimgehen.« Christus, der »größte aller Künstler«, der mit Menschen statt mit Farben arbeitete, hatte ihn heitere Gelassenheit gelehrt, Aufopferung und die Nichtigkeit des Todes.

»Nun denn, wir können wirklich nur unsere Bilder sprechen lassen.« Der Satz steht auf dem Blatt, zu dem Theo eine Beischrift machte: »Brief, den er am 29. Juli bei sich trug.« Er überlebte den Bruder, den er als Genius verehrte, um ein kanppes halbes Jahr. Auf dem Friedhof in Auvers sur Oise ruhen sie beide nebeneinander.

Reinhold Schneider
(1903–1958)

Die Jahre haben für Reinhold Schneider gewirkt. Seine
Größe hat nichts mit Tagesgröße gemein. Seine Ahnungen
und Prognosen begleiten weiter; die Texte sprechen noch
eindringlicher als früher. Die verborgene Schrift – sie tritt
lesbarer hervor. Wie ein Beispiel lebte er, seinem Streben
getreu, mit rücksichtsloser Wahrhaftigkeit: »Es gibt keine
Grenze zwischen Geschichtlichem und Subjektivem: eben
das will ich belegen. Die Zeit ereignet sich uns. Darum
müssen wir sie als unsere eigene Sache verantworten. Ihr
gegenüber bleibt nur rücksichtslose Wahrhaftigkeit.«
Er entzog sich weder Strapazen noch Verkennung; weder
lebenslange Krankheit, noch erbarmungslose Gewalt
schreckten ihn, wie Vincent van Gogh trug er die »Haut« zu
Markte. Allein die Furcht, unwahr zu werden, schreckte
ihn. Die Wahrheit, sie war ihm keine Vokabel der Festredner, sondern Lohn und Qual des Daseins. Als leidenschaftli-
cher Leser spürte er den Geschicken und Heimsuchungen
der Geschichte, um der Gegenwart willen, selbstverzehrend
nach: dabei begriff er das Böse als geschichtliche Macht,
aber ebenso das Gebet, den Gedanken, die Kunst als helfen-
de Kräfte. Gedanken und Kunst können Welten aufbauen

und können sie, von Dämonie inspiriert, zerstören. Seine vielen Arbeiten: Erzählungen, Dramen, Essays, Erinnerungen und denkwürdige Tagebuchnotizen werden zu Serpentinen im Höhersteigen, gewähren seltenen Überblick: »bemühen sich um eine immer tiefer, fester gegründete Erkenntnis unseres persönlichen Daseins als eines Daseins in der Geschichte, in großen Zusammenhängen; um die Vergegenwärtigung europäischer Traditionen ...«

Der unermüdliche Leser war zugleich ein großer Reisender: die Schauplätze der Geschichte riefen ihn, die Spuren zu lesen. Blitzhafte Eingebungen weckten Bücher – im Sterbezimmer Philipps II., beim Umschauen in den Straßen von Paris, während eines Besuchs in St. Paul's. Er war ein Leidender, Mit-Leidender, er spürte Leiden voraus und empfand es in der Tiefe der Vergangenheit. Das Schweigen der unendlichen Räume des Kosmos machte ihm wie Pascal zu schaffen. Die Qualen der stummen Kreaturen schmerzten ihn tief. Das Bedenken der Widersprüche hinterließ lange vor der späten Reise nach Wien seine Spuren im Werk. Sogar der Fall eines Birnbaums schaffte ihm Leid: »An einem traurigen Herbsttag brach er unter Beil und Säge zusammen. Das Krachen geht mir nicht aus den Ohren. Ich betrete die Terrasse nicht mehr. Es gehört zu den unverwindlichen Schmerzen, daß wir weder Tier noch Pflanze schützen können, und oft leide ich mehr an ihrem Leiden als an dem der Menschen, weil in diesem doch Schuld und die Hoffnung auf Freude verborgen sind ... Das ganz Unbegreifliche, Unbeantwortbare bleibt: das Böse und sein Ursprung, die Qual der Kreatur, die Freiheit, Gott auf dieser

Erde, das Schweigen und Reden der unendlichen Räume.«
Diesem mitfühlenden, mitleidenden Menschen war es auferlegt, das Schwerste auszusprechen, daß die letzten Dinge
dieser Welt schlimmer sein werden als die ersten. Er gestand: »Ich hatte von Anfang an das Gefühl, tief ins Dunkel
zu gehen.« Zweifler, Verzweifelte, Trostlose erreicht das
Trostwort des oftmals ungetrösteten, anteilnehmenden
Mannes. Wie empfand er Gottfried Kellers Zwiespalt nach
der Annahme der Feuerbach'schen Philosophie, die den
Menschen über den Menschen erheben wollte. Wie verstehend schrieb er dem zerbrochenen Dichter Weinheber die
Grabschrift, wie taktvoll begriff er Größe und Sterben Pla-
tens. Er weicht Urteilen nicht aus, der Kenner vieler Litera-
turen und Historiker – aber er urteilt begründet und milde.
Zu richten, fühlt er sich nicht berufen. Er kennt den
schwankenden Grund, auf dem die Vorwärtsstrebenden
schreiten. Er bedenkt, daß Glauben weder befohlen noch
gewollt sein kann. Glaube ist Gnade, bezeugt er, aber auch
wo sie nicht erfahren wird, hält er eine von Ethos erfüllte
Auseinandersetzung mit Macht und Herrschaft für möglich. Freilich ist auch die Gefahr eines Absturzes groß:
Humanität ist nach unseren Erfahrungen gegen den »Dä-
mon« nicht hinreichend gewappnet.
Im Suchen der Wahrheit erfuhr er, daß es für den Menschen
vielleicht keinen entsetzlicheren Schmerz gibt als den der
Verzweiflung an der Möglichkeit zur Dauer. Der Mensch
will Ewigkeit, doch sie ist »nicht die Sphäre des Irdischen«.
Die Klage der Vergänglichkeit bewegt sein Mitgefühl. Er
achtet »diejenigen, die sich diesem Schmerze redlichen Sin-

nes gestellt haben und von ihm verzehrt worden sind«, die Suchenden, Widerstrebenden, im Glauben Leidenden und von ihm Abgewandten: »Denn auch sie sind ›Zeugen auf eine geheimnisvolle Weise‹ – sofern sie nicht aus der Hoffart des Geistes, sondern in der Glut der Wahrhaftigkeit, aber unbeschützt von der Gnade, die Gewißheit der Ewigkeit eingebüßt haben. Der Mensch, der dem Nichts sich stellt und ein Leben lang auf das graue, vergangene Wogen hinausblickt und kein Zeichen, keinen Mast, keine Küstenlinie gewahren darf, hat wohl mehr vom Wesen des Menschen zu sagen, als uns bisher bewußt geworden ist.« Verständnis und Toleranz begleiteten den Mann, der von der Kindheit an bis zum schweren Ende gelitten hat, wohin er auch ging: zu Freunden, die ihn nicht mehr verstanden oder zu Fremden, die der wissende, schwermütige Blick anzog und mit Vertrauen erfüllte. Als Sohn eines evangelischen Vaters und einer katholischen Mutter verstand er beide Seiten besser als viele andere. Der Dreißigjährige Krieg ging mitten durch seine Person hindurch, wie er einmal erwähnte. Der viel Erfahrene verschloß sich Leid und Leiden nicht: »Es gibt einen Schmerz um die Ewigkeit, der wie ein Leiden erscheint für alle; wir wagen es zu sagen, daß dieser Schmerz der Anfang einer neuen Gewißheit sein könnte, sofern er unter unbarmherziger Wahrhaftigkeit verharrt. Dieser Schmerz hat ein Recht darauf, von denen verstanden und in seiner geschichtlichen Bedeutung gewürdigt zu werden, die der Ewigkeit sicher sind.«

Das Gefühl von Untergang quälte ihn schon in jungen Jahren, als er im Hotel seines Vaters in Baden-Baden Zeuge wurde, wie eine Epoche dahinschied. Vor dem Kurhaus drängten sich die Menschen: Caruso sang. Von den Hotels wehten die Fahnen aller Länder während der Großen Woche, der Fürst von Fürstenberg schmückte statt der vornehmen Pferdewagen ein Auto für den Blumenkorso. An einem Winterabend erschoß der Karlsruher Rechtsanwalt Hau seine Schwiegermutter vor unserem Garten, erzählt später der Mann.

Als der Krieg ausbrach, versank eine Welt, die er für fest gehalten hat, unwiderruflich. Unzugänglich, wie die Vorstellungen von Staat und Geschichte, waren die vom Glauben. »Ich hatte immer eine Eins in der Religion, sie war das beste ›Fach‹, wenn sie eben ein Fach hätte sein können, aber ich glaube nicht, daß ich wußte, was Christus war und getan hat. So war der Zusammenbruch vollkommen, unverwindlich; ich kann die ersten zehn Jahre meines Lebens kaum mit den folgenden verbinden ... Studieren konnte ich nicht.« Die Inflation ließ ihm nichts.

Die Musik in den Gärten seiner Kindheit verstummte. Die Gärten verwilderten. Die Salons verstaubten, der Plüsch verblich. Das Hotel »Maison Messmer« verödete. »Das alles sank, verstaubte, blieb zurück, wie Gegenstände, die aus einem rasenden Wagen geschleudert wurden ... Wie hätte die Schule Menschen für eine Epoche der Zusammenbrüche ausrüsten können – und das war ihre Aufgabe – da ihre eigenen Fundamente einbrachen?«

Nichts blieb mehr an seinem Platz. Der Vater starb bald danach. Zusammenbrüche, sie eröffneten, bestimmten seinen Lebensweg, die ganze Epoche, wie er leidend erkannte.

Wie benommen von den jähen Wechselfällen wankte der junge Mensch. Die Geschichte erschütterte sein Leben, bevor er lernte, die Angst zu überwinden. Die geschichtliche Katastrophe erregte ihn, sie war nahe bei ihm – mehr noch: in ihm. Er fühlte keinen wirklich tragenden Grund mehr. Untergang und Scheitern entmutigten ihn, zogen ihn unwiderstehlich hinab. Er erzählte als Fünfzigjähriger rückblickend vom Praktikantendasein in der Landwirtschaft, vom Einerlei als kaufmännischer Lehrling in einer Dresdner Kunstdruckerei. In diesen Jahren lief die Zeit ab, ohne daß er sie als Geschichte empfand. Das Schattenhafte war ein Leben der Tiefsee, ein geschäftiger Schlaf. Die Prokuristen, der Chef stießen aus den höheren Regionen wie Raubfische in das monotone Beieinander. Seelische Verdüsterung in der ausweglosen Lage schwächte seine Widerstandskraft. Das Geld reichte nicht für ein Achtel Wurst, wie er beschämt im Laden stehend bemerkte. Von da an lebte er abends von Brot und Kunsthonig, der ihn wenigstens an den türkischen Honig auf den Jahrmärkten der Kindheit erinnerte. Entbehrung blieb sein täglicher Gast. »Ich habe wohl zwei Jahre nichts Warmes gegessen. Das Leiden, das mich nicht mehr freigibt, mag damals erregt oder gesteigert worden sein.« Ständiges und schweres Magenleiden und Kreislaufschwäche begleiteten ihn durch sein ganzes Leben.

Er fühlte kein Bewußtsein der Gegenwart. Bereits im Elternhaus hatte er die Goldschnittbände mit den Werken Shakespeares und Schillers für sich entdeckt, hernach verzauberte ihn Schopenhauer, dessen magischen Klängen und erlösenden Perspektiven er verfiel. Am Rande des Abgrundes traf er auf Nietzsche. Mit Freunden las er die kleinen Schriften Kants, vor allem die »Grundlegung zur Metaphysik der Sitten«; sie alle verwarfen den Selbstmord. Die Versuchung ohnegleichen war nicht das Leben, sondern der Tod. Reinhold Schneider hielt die Neigung zum Selbstmord für eine angeborene Versuchung, ein nicht lösbares Problem. Er versteht das aufrührerische Nein an den Urheber des Daseins »als eine furchtbare Sünde«, doch wendet er nicht fühllos die Augen ab. Unvorhergesehene Umstände, Demütigungen, Zeiten und Rücksichten können zur Abkehr zwingen. Im Rückblick urteilt der erfahrene Mann, der die niederziehenden Kräfte überlebt hatte: »Dieses vielleicht Subjektive vermag ich nicht anders zu begreifen als im Zusammenhang mit dem Geschichtlichen. Ohne einen Blick in den Abgrund der Verzweiflung ist das Zeitalter nicht zu verstehen. Es gibt keine Grenze zwischen Geschichtlichem und Subjektivem – eben das will ich belegen.« Gedanken an Freunde und den Dichter Jochen Klepper, der mit Frau und Tochter sich im Dritten Reich freiwillig der menschlichen Grausamkeit entzog, gingen ihm durch den Kopf. Die eigene Not machte ihn hellsichtig für andere Nöte. Kleppers Ende – »das war ein Akt des Glaubens: schütze, die ich nicht mehr schützen kann. Es war ein Selbstmord unter dem Kreuz, dem Zeichen der Liebe. Das Problem stellt sich in einer Gestalt, auf die es keine Antwort gibt.«

Schneider überstand; er kam auf den Weg zu seinem Ort. Die innere Verwundung der geheimen Kämpfe vernarbte lange nicht. Er konnte das Leben nicht mit dem Tode betrügen, wie er mit aller Diskretion bekannte. Sein Ort, das war das Verstehen des Leidens. Später verstand er mit Pascal, Geschichtszeit als Agonie. Der erlittene Untergang meinte nicht ihn allein. Er begann nach der Wahrheit der Geschichte zu fragen. Er lernte den Mut zum unversöhnlichen Konflikt kennen – zur Tragödie. Ein Hinweis führt ihn zu Problemen der Geschichte Portugals. Es ging Schneider um die Bewältigung des Untergangs: »Sie konnte nur gelingen, indem ich den Untergang hereinnahm in mein Leben. Abweisbar war er nicht, ist er nie gewesen. Über den Untergang mußte sich ein Sinn ergeben, der ja auch Volk und Sprache erhalten hatte. Ein Dichter schreibt die Grabschrift: »Sinn des Untergangs.«

Einen Sinn fand er im Werk des Camões: er starb, als Portugal starb. Reinhold Schneider fühlte die Stunde schlagen, in der Epitaphe geschrieben werden mußten: »Geschichte ist das Walten des verborgenen Gottes, der Sendungen gegeneinander auswirft; vielleicht um sie zu erhärten und zu erproben. Wenn überhaupt ein Auftrag an ein Leben ergangen ist und dieses in wachsendem Maße von ihm getragen wird, so kann eigentlich eine Übereinstimmung mit der Welt an keiner Stelle bestehen. Der Auftrag ist auf die Welt gerichtet, aber als etwas Fremdes. Die meisten Verständnisse sind Mißverständnisse, oder sie erfolgen dann, wenn der Auftrag längst weitergeführt hat. Alles kommt darauf an, daß der Strom sich immer wieder durch den Felsen wühlt; oder daß er, wenn der Felsen stärker ist als er, an ihm zerbricht.«

Das ruhig gesprochene Wort, die meisten Verständnisse

seien Mißverständnisse, Worte vieler Enttäuschungen und wachsender Einsamkeit, haften im Gedächtnis. Das immer reißendere Gefälle europäischer Geschichte trieb Reinhold Schneider Christus entgegen. Er fand 1938 zum Glauben. Er wollte nicht Christ werden: »Ich mußte es werden. Denn ich war es von Anfang.«

So lernte er verstehen, daß tragische Geschichtsauffassung nicht christlichem Denken widerspricht. »Das Christentum hat eine metaphysische Antwort auf das Tragische gegeben, aber es hat das Tragische nicht aufgegeben. Es bleibt ein Lebenswiderspruch, ein Grundphänomen unseres Daseins und der Geschichte.«

Zur Wahrheit gehört Leiden, Nachfolge bedeutet Opfer. Er begriff christliche Existenz, die ihn Kierkegaard in Krisenzeiten gelehrt hatte, als wahrhaft geschichtliche Existenz. Er erfuhr, wie Freiheit den Christen vor furchtbare Entscheidungen stellt. Geschichte war ihm nicht Abkehr, Flucht ins Gewesene, sondern Ringen mit der Gegenwart, Leiden in der eigenen Zeit; ein unermüdlicher Versuch, Gewordenes und Werdendes zu verstehen. Macht und Herrschaft der Geschichte: bis ins letzte Lebensjahr suchte Reinhold Schneider eine Antwort zu geben, dem Widerspruch von Macht und Gnade standzuhalten. Er vertraute der Gewalt der Gewaltlosigkeit. Eine Lösung? Es schwebte ihm eine vor, »die so wenig auf die Erde herabgeholt werden kann wie ein Stern, aber eben die Sterne sind's, deren wir bedürfen, die wir der Geschichte ausgeliefert sind, in ihr leben und weben und sind – es gibt keine andere Daseinsmöglichkeit als im Geschichtsraum, als die Geschichtlichkeit ... Wir müssen also versuchen, in dem Wagen, zu dessen Kennzeichen sein Dahinschießen, sein Rennen oder gar Rasen gehören, aufrecht zu stehen. Und in dieser Forderung ist schon eingeschlossen, daß wir Macht haben, daß wir etwas können, vermögen ... Aber die Macht kann sich als Tyrannis durchsetzen; sie kann, wie eine jede des Bauens fähige Kraft, niederreißen. Das Verhältnis zu Gott bewertet die Macht. Und Leiden ist überwältigende Macht; denn eine größere kann es ja nicht geben, als die die der Erlösung des Bösen fähig ist.«

Reinhold Schneider, ein schwieriger Patient, der nicht viel von Rezepten und Kuren hielt und nach eigenem Kopf und Erfahrung dahinlebte, rang der Krankheit eine Viertelstunde wie einen guten Tag ab. Viele Briefstellen, halbe Sätze und Nebensätze, noch häufiger Schweigen und Verstummen, ein leerer Stuhl am reservierten Platz, machten deutlich, wie der Leidende anhalten mußte und wieder ansetzte. Durch Jahre und Jahrzehnte. Die politische Atmosphäre machte ihm im Juni 1937 besonders viel zu schaffen. Er hätte schwermütig werden können, wenn er nicht mit aller Kraft versucht hätte, mit der Arbeit wieder festen Boden unter die Füße zu bekommen. Er litt ständig mehr. Er sah einen Abgrund näherkommen, den andere nicht erkennen konnten oder wollten. Er spürte es im Oktober 1939: »Ich kann mir nicht vorstellen, wie das Allerschwerste uns noch erlassen werden soll. Über Nacht kann es einmal unheimlich werden.«

Auch im Schatten von Leiden und Anfälligkeit glaubte er, das »Licht vermehren zu können, das auf den Dingen dieser

Erde liegt«. Er begriff die Schwierigkeiten, mit denen Ärzte zu ringen haben, der Wechsel der Erkenntnisse könnte unsicher machen. Bei der wachsenden Forschungsarbeit dachte er an das Unerforschte, das Ungesicherte vieler Modetendenzen. Schneider schalt nicht wie die ungeduldigen, einsichtslosen Patienten, er begütigte: »Man darf von den Ärzten nicht zuviel erwarten, man muß lernen, mit seiner Krankheit zu leben.«

Die geduldige Art, wie er sein Leiden trug, erinnerte Otto Heuschele immer wieder an Schiller, von dem überliefert ist, daß er eine Unterhaltung wohl abbrach, wenn ihn die schweren Koliken anfielen, sie aber wieder aufnahm, sobald es die Umstände zuließen. Der Entsprechungen zwischen beiden Männern sind einige. Der Bote sah nicht auf sich, die Botschaft durfte nicht verlorengehen ... Schiller vollendete sein Werk unter Mühen und Schmerzen in »heroischem Ausharren«; Schneider sagte, wir müssen alles daran setzen, die geistige Arbeit wieder aufzunehmen, »... sie ist das wichtigste, was wir tun können«.

Die Gesunden, Ahnungslosen erspähen kaum etwas von der Pein und den endlosen Mißhelligkeiten der Kranken, von dem mühsamen Dasein am unwirtlichen Strand, weit, weit draußen. Reinhold Schneider ist es gewiß, »daß die Welt ohne Kranke nicht sein kann; sie besetzen, so schwach und elend sie sind, vielleicht die gefährlichste Stellung gegen den Zerstörer. Erbringen sie die Seelenkräfte nicht, die dem Leiden vorbehalten sind, so gerät vielleicht alles ins Wanken, weil ein Gewicht fehlt, das im Gefüge des Daseins nicht entbehrt werden kann, ebenso wie gewisse Erkenntnisse wohl nur den Kranken erreichbar sind. Es ist eine große Arbeit der Kranken, sich ein helles Auge zu bewahren. Wenn der Gram des Ausgeschlossenseins es verdunkelt, die Bitterkeit des Verzichts es trübt, so verrücken sich alle Werte.«

Er lernte es mit Kierkegaard, den Tod als Begleiter anzunehmen, der Verzweiflung wie Schwermut in das Tun hinüberzwang, »wo die Passion aktiv werden mußte«. Krankheit und Einsamkeit sind an seiner Seite mitgegangen und mit den Jahren nähergerückt.

Das Wesen der Tragik beschäftigte ihn durch Jahre und Jahrzehnte. Vergehen, um weiterzugeben, erkannte er als Aufgabe der Dichter. Als Bestimmung des Geistes: das zeitlich Vergängliche in seiner Beziehung zum Unvergänglichen zu erfassen. Handeln verstrickt in Schuld, die Erfüllung der Person im Auftrag, erklärte er am Beispiel Camões, koste das persönliche Leben. Verzicht wiederum könnte schuldig werden; gerade wenn der Mensch es ablehnt, Verantwortung zu tragen, macht er sich schuldig. »Denn an dem Auftrag, das Irdische zu verwalten, kann ja nicht gezweifelt werden. Wenn nun die Verwaltung nicht mehr möglich ist ohne Verantwortung für nicht Verantwortbares: wie soll dann verwaltet werden? Ich sah mich vor das nackte Kreuz gedrängt und verharre in dieser Stellung. Es bleibt nur die personale Entscheidung, die weiß, daß sie handelnd und verzichtend schuldig wird. Lasse ich mich töten, mache ich den Andern zum Mörder, töte ich selbst, so bin ich es.«

Seine Bücher wie »Das Leiden des Camões«, wie »Philipp

II.« oder »Religion und Macht«, »Die Hohenzollern« waren Deutungen von Macht und Tragik, Opfer und Untergang. Die christliche Wahrheit einer Nachfolge Christi erschien als Thema in der Erzählung »Der Tröster«, die Leiden der Verfolgten enthüllend. Mit der Schrift »Las Casas vor Karl V.« protestierte er im Gewand der Historie gegen den Mißbrauch der Macht, gegen die Verfolgung der Juden.

In den Jahren des Krieges tröstete er die verzweifelten Soldaten und suchenden Menschen allenthalben, ohne um seine Person besorgt zu sein. Prosaschriften, seine berühmten Sonette und Briefe gingen in alle Richtungen hinaus und weckten geheimes Echo. Die Krankheit, das Leiden unter der Zerstörung und Mitleiden, schwächten seine Kräfte. Sie lähmten nicht den Geist; er versuchte, sich wieder »arbeitsfähig« zu machen. Er fragte: »Was könnte uns entschuldigen, wenn wir unsere Zeugenschaft aufgeben würden?« Gläubige und Nichtgläubige antworteten ihm. Aus Stalingrad hörte er, daß die Soldaten seine Rufe als Trost begehrten und im Angesicht des Todes seine Verse lasen und wie ein Gebet sprachen:

> »Allein den Betern kann es noch gelingen,
> Das Schwert ob unseren Häuptern aufzuhalten.«

Er lebte, wie er glaubte. Dem christlichen Dichter ist es auferlegt, einfach Zeuge zu sein, »nicht als Verkünder der Lehre, sondern aus seiner Existenz«.

Unter ständigen Störungen seines Befindens und großer Überlastung arbeitete er im Schutze des Glaubens und vertraute die Manuskripte im Krieg zum größten Teil »sonderbaren Kanälen an«, von denen man annahm, daß sie in der »Öffentlichkeit münden werden«. Die für den Insel-Verlag vorgesehenen Veröffentlichungen waren nicht mehr möglich. Im Elsaß, in Colmar fand er einen mutigen Verleger, Josef Rossé. Religiöse Arbeiten hatten keine Aussicht mehr auf Genehmigung. Eine Klage wegen Hochverrat erreichte ihn 1945. Vertröstungen auf eine spätere Zeit waren für ihn wertlos, »... da dies die Stunde unseres Wirkens ist und die Stunde, an der wir gemessen werden ... Das Herz könnte versagen, und doch ist es gerade das Herz, das heute nicht versagen darf ... Ich kann und darf nicht arbeiten und nicht einmal schreiben ... Aber nur im Leiden ist wohl diese Zeit überhaupt zu ertragen ...«

Im Mai 1943 kehrte er aus dem Krankenhaus zurück, die Kräfte waren noch sehr erschöpft. Am Jahresende erwähnte er, daß er viel krank gewesen sei und für die nächste Zeit noch manche Plage erwarte. Seine Kraft hatte sehr gelitten. Krankheit, viele Sorgen um Menschen und ihre Aufgaben, tiefe Trauer um verlorene Freunde beugten ihn tief und tiefer. Dann entfaltete sich der große Zusammenhang, den er als das ergreifendste Geschenk seines Lebens begriffen hat: die Briefe der Soldaten, die er schließlich nicht mehr lesen konnte, »Geständnisse, Anzeichen einer im Innersten, unter der Gewalt und dem Siegel des Unrechts geschehenden Veränderung, die mich oft mit ungemessenen Hoffnungen erfüllte. In den letzten Jahren kamen die Briefe aus den Bombenkellern, den brennenden Krankenhäusern dazu ... Der 20. Juli nahm mir die letzten, die mir ganz nahe waren; ich halte ein Attentat nicht für erlaubt; aber Entscheidungen des Gewissens können in entgegengesetzten Richtungen fallen. Das Opfer ist alles. Die Krone der Herrschaft hat sich verwandelt in die Spottkrone; Adel bezeugt sich fortan in der Erniedrigung.« Im April 1945 drohte ihm eine Anklage, aber das Votum seiner Ärzte bewahrte ihn vor dem Transport.

Was erhoffte Reinhold Schneider in der Nachkriegszeit? Nichts anderes als zuvor. Nur eins blieb weiterhin zu fürchten: die »unwahre Existenz, das ist die Hauptsache für den, der etwas auf sich hält«. Der Wahrheit zu folgen, blieb sein Bemühen als Mensch und Dichter, der es eine Zeitlang auf sich nahm, als religiöser Publizist, als »Schreibknecht«, zu wirken – um der Menschen willen. Das war sein Bemühen und sein Problem. In seiner großartigen, der Freunde gedenkenden, aphoristisch knappen Autobiographie »Verhüllter Tag«, einem der nobelsten Bücher unserer Zeit, sieht er mehr auf die Epoche zurück als auf sein eigenes Wirken. An den Lebensumständen eines Autors liegt nichts, meint der Historiker in ihm, »… es kann sich nur um die Antworten handeln, die er auf das Geschichtliche sucht, die es ihm aufnötigt«.

Schneider antwortete. Aber sehr bald nach dem Zusammenbruch stürzten die Hoffnungen ein, »von denen ich kaum begreifen konnte, daß ich sie so lange bewahrt hatte. Wer konnte erwarten, daß Staatsmänner und gar Völker als Verwandelte das Trümmerfeld betreten würden? Aber wir wissen nicht, was in Wahrheit in der letzten Tiefe geschieht.«

Er lebte weder dem Prestige der Ehrgeizlinge oder Zeitfiguren noch dem Ruhm; er folgte allein seinem Glauben und Gewissen, koste es, was es wolle. Es kostete einiges – der »Fall Reinhold Schneider« erregte an vielen Stellen Unwillen; die Unterzeichnung des Aufrufs zur Volksbefragung im Mai 1951 und eine Eingabe an den Bundestag, in der er sich aus »christlichen und politischen Gründen« gegen die Wiederbewaffnung Deutschlands aussprach, ersparten ihm nicht üble Verdächtigungen. Sein Glaube der Gewaltlosigkeit wurzelte jedoch nicht in einem optimistischen Pazifismus. Seine Auffassung des Tragischen nahm geschichtliche Existenz nicht aus. Als er den Friedenspreis des deutschen Buchhandels 1956 entgegennahm, sprach er zum Thema »Der Friede der Welt«.

Die Einsamkeit um ihn wuchs in dem Maße, in dem er an Publizität gewann. Wo er auf Verständnis hoffte, fand er nicht selten Mißverständnis. Das Gefühl kommender Untergänge hat ihn nie mehr verlassen, gestand er. Seine Beschäftigung mit naturwissenschaftlichen Fragen und Werken beschwerte seine Gedanken ständig mehr. Er beklagte, daß heute auch der Genius im Steinbruch der Macht arbeite. Als extreme Existenz, die uns an Kierkegaards Begriff der Ausnahme mit all ihren vereinsamenden und tragischen Folgen erinnert, verstand er sich nicht dazu, Erkanntes und Erahntes, so bedrückend es sei, zu verschweigen. Er sagte in Frankfurt: »Frei ist nur das sittliche Bewußtsein. Und der Preis dieser Freiheit ist immer der Tod, die Bereitschaft dazu. Die Proteste der Forscher, ihre Angst und ihre Warnung vor den Folgen ihrer Entdeckungen, sind ergreifend und gewiß durchaus ernst gemeint. Es fehlt ihnen aber in gleichem Maße die Durchschlagskraft wie den Warnungen der Kirche: weil nämlich die Bereitschaft oder auch nur die Möglichkeit unbedingten Neins in ihnen nicht enthalten ist. Sie liegen im Kraftfeld moderner Staatsmacht, weil ohne diese moderne Forschung gar nichts durchgeführt werden kann. Das ist keine Anschuldigung, zu der ich in keiner Weise berechtigt wäre, sondern nur Bezeichnung eines tragischen Zusammenhangs.«

Er suchte seinen Platz in der Nähe des heiligen Toren von Assisi, der seinen Laien Eid und Waffe verboten hat. Er sah als Aufgabe: durch unser ganzes Sein und Wirken, eine nach Tyrannis strebende Ideologie, eine höchst unzureichende, auf längst überholten Voraussetzungen ruhende Auffassung von Mensch und Geschichte, durch eine überlegene Erkenntnis und Haltung zu beantworten – er forderte damals: »daß geschehen muß, was noch nie geschehen ist, wenn die Welt, die wir vor uns sehen, die wir lieben, der wir dienen möchten, gerettet werden soll.«

Er fuhr nach Wien. Zu diesem Entschluß wurde er durch seinen Glauben an Fügungen bestärkt. Er sagte, wo das Zeitalter angekommen war; er verniedlichte und verschönte nicht, wie die Staatsmänner in ihren Ansprachen und Glückwünschen: »Auf die Geschichtswelt gibt es zwei Antworten: die Arche und das Kreuz. Damit ist gesagt, wo wir uns befinden.« Wo? Das Unheil, das Propheten voraussagen müssen, könnte am Ende zum Heil umschlagen, weil der Vorbote des Entsetzlichen, gegen das keine Warnung und keine Bitte hilft, nicht zurückgehalten werden darf – im Schmerz um die Kreatur und den verborgenen Gott. Warum noch schreiben? Schneider schreibt immer dann, wenn die »blindwütigen Schmerzen es aufgeben zu attackieren; sie sind müde wie ich, bald schlafen wir ein: wir, die Schmerzen und ich schlafen zusammen; wir werden uns nicht mehr voneinander trennen«. Er ersehnte die ewige Ruhe, der Tod schreckte ihn nicht mehr, er ging ihm entgegen, als das letzte Wort gesagt ist. Vorher nicht. Sein Denken und Schreiben hielt er für ein karthographisches Schreiben – bescheiden und ohne Ansehen der Person. Um des Glaubens willen setzte er seinen Glauben rückhaltslos einer neuen Begegnung mit dem diesen überkommenen Glauben völlig entsichernden Wissen seiner Zeit aus, konstatierte Hans Jürgen Schultz. »Ich will so genau wie möglich den Ort bezeichnen, wo ich mich befinde, den Haltepunkt des Marienkäferchens auf der beschwerlichen Wanderung über die ›Times‹ oder den ›New York Herald‹. An den Käferchen liegt gar nichts. Aber die Zeile, über die es nicht hinwegkommt, könnte einige Aufmerksamkeit verdienen.«

Er erkannte das christliche Gewissen als verstrickt in eine heillose Situation, aus der sich wohl keiner, den sie eingefangen hat, befreien kann. Von den Schlachtfeldern der Vergangenheit führte keine Brücke in die Vernichtungszone, vor der wir zittern. Im letzten Jahrhundert war der Krieg noch bildhaft. Person, Fahne, Feldzug, Parade – »... aber alles Bildhafte wird verzehrt werden – und wenn dieses Grauenhafte nicht geschehen soll, so muß Geschichte aufhören, was sie jemals gewesen; sie muß sich in einen Vorgang verwandeln, den wir noch nicht bezeichnen können«. Unter alten Fahnen und Reliqien erhabener Schicksale, auf dem Gang durch das Wiener heeresgeschichtliche Museum verhüllte sich dichter und dichter Gottes Bild. Am Ausgang ist es verschwunden. Er will die Unwahrheit nicht wahrhaben. Gerichtstag – Geschichtstag seines Lebens. Was quälte ihn, was sah er heraufkommen, bevor es aller Augen sichtbar wird? Er war nicht imstande, die Singularität des Menschen im All anzuerkennen; er brach das Schweigen vor den unendlichen Räumen, die unsere menschliche Geschichte, (eine Seitengasse der Milchstraße) verschlingen werden. Und Gott? Er ist nah wie fern. Vor der unübersehbaren Gestaltenwelt, dieser entsetzlichen Fülle der Lebewesen, ist er nicht zu leugnen. Der schönste Vogel hascht im Fluge den schönen Schmetterling, verschlingt den zarten Leib, der sich für eine kurze Dauer mit ein wenig Nektar begnügte und schutzlos das Farbenspiel der Flügel, ein Blitz aus den Händen des Vaters, an die Welt verschenkte. »Und das Antlitz des Vaters. Das ist ganz unfaßbar ... Die Natur, auch die unterm Sündenfall, müßte doch vom Bilde Gottes beantwortet werden. Aber Offenbarung und Theologie sind uns dieses Bild schuldig geblieben.«

Ihn zog es zum Untergang mit der Kreatur, die unter grausamem Zwang Leben zerstört. Der Schläfer, bald Kummer und Leiden entrückt, löst sich vom Endlichen dem Unendlichen entgegen. Seine Tagebucheintragungen und Notizen mit dem Titel »Winter in Wien« erhellen, erschrecken, stimulieren unser Bewußtsein. Was er als Adel des Königs anerkannt hatte, verlangte er sich ab, den Auftrag, das Schwerste zu tun. So endete der gütige Mensch, Prophet (und Vorbote durch Existenz), der große Gläubige, der den

Zweiflern und Nichtgläubigen nahe bleiben wollte, wie er gelebt hatte: als Bekennender, als Stimme der Wahrheit. Er schloß sein letztes Buch ab und ging, wie Pascal, der Geschichtszeit als Agonie deutete, jedem Streit entrückt, in die Verborgenheit ein. Ein Sturz auf dem Heimweg am Karsamstag (1958) löschte das unvergeßliche Bewußtsein. Er starb am 6. April, am Ostersonntag 1958.

In seinem Testament hat Reinhold Schneider, die in der großen Öffentlichkeit nicht bekannte Anna-Maria Baumgarten als »Gefährtin meines Lebens« bezeichnet. Die Freundschaft ging bis in die Dresdner Tage zurück, als Reinhold Schneider mit seinem Bruder Willi dort entscheidungsreiche, von schweren Krisen gezeichnete Jahre verbrachte. Bei ihr, die er zur alleinigen Erbin einsetzte, hat er seine geistige Hinterlassenschaft in besten Händen gewußt. In seinen Lebenserinnerungen »Verhüllter Tag« hat er Anna-Maria Baumgarten nicht erwähnt. Private Geschicke und Umstände entzog er den neugierigen Blicken der Öffentlichkeit. Die Leser seiner Essays spüren diesen Takt, Vertrautes und Anvertrautes nicht auf den Markt von Geschäft und Neid zu ziehen.

Die Jahre haben den Sendboten mit seiner Botschaft und den dunklen Ahnungen nicht ins Historische entrückt. Er spürte ein Beben der Erde voraus. Werner Bergengruen, der Freund, suchte den Dahingegangenen vor Verdächtigung und Mißachtung zu bewahren. In einer Zeit, da Escalation auf Kriegsschauplätzen zur Sprache der Wirklichkeit gehört und eine Realität ist, bedarf es dessen nicht mehr, Reinhold Schneider hatte sich ausgewiesen: »Fügung und Führung setzen nur ein, wenn eine Gewißheit da ist; an ihr befestigen sie sich, und langsam unterliegt das Leben einem verborgenen Plan; wir brauchen ihn nicht zu kennen; er setzt sich durch, insofern wir gehorsam sind. Ich bin der Zeit gegenüber, auch in schwersten Konflikten unter Verleumdung und Verkennung, die sich wiederholten und wiederholen werden, immer sicher gewesen; die Notwendigkeit, die ich fühlte, hat mich nicht verlassen; ich kann niemals tun, was erwartet wird. Ich tue, was ich muß.«

Gütersloher Taschenbücher GTB

Gütersloher Verlagshaus Gerd Mohn